Grundschulwörterbuch
Englisch

Mit Übungen und Lernspielen

Autorin: Dr. Annegret Pago
Fachlektorat: Karen Jane Beck

Projektleitung und Redaktion: Dr. Sabine Krome
Gesamtgestaltung Innenseiten: Petra Dorkenwald, München
Illustrationen: Petra Dorkenwald und Isabelle Dinter, München
Satz: Jo Pelle Küker-Bünermann
Reproduktionen Großformat: PixelArt & Composing, München
Herstellung: Astrid Warkus
Einbandgestaltung: INIT, Büro für Gestaltung, Bielefeld

© 2010, wissenmedia GmbH, Gütersloh/München, Geschäftsbereich Verlag
2., aktualisierte Auflage
1. Aufl. 2005
Druck und Bindung: Gorenjski Tisk, Slowenien
Alle Rechte vorbehalten
ISBN: 978-3-577-07586-2

Liebe Schülerin, lieber Schüler,

in deinem Wörterbuch kannst du die deutschen Übersetzungen von mehr als 1000 englischen Wörtern nachschlagen. Die Wörter sind in alphabetischer Reihenfolge angeordnet. Ein farbiges Daumenregister am Seitenrand hilft dir, dich sicher im Alphabet zu bewegen.

Zu fast jedem englischen Stichwort findest du auch ein kleines Bild, das dir helfen soll, dir die Vokabel leichter einzuprägen. Direkt hinter dem englischen Wort steht in eckigen Klammern die Lautschrift: So wird das Wort ausgesprochen. Deine Lehrerin oder dein Lehrer kann es dir vorsprechen. Ein kurzer Satz zeigt dir, wie das englische Wort gebraucht wird.

Auf manchen Seiten tauchen kleine Kästen auf, in denen immer etwas Wissenswertes steht. Du findest dort Wörter zu einem bestimmten Thema (zum Beispiel „Ballspiele" oder „Strand") oder interessante Informationen zu wichtigen Festen (zum Beispiel „Halloween" oder „Thanksgiving").

Am Anfang deines Wörterbuchs gibt es 35 Bildseiten, auf denen Situationen gezeigt werden, die auch in deinem Leben vorkommen könnten (z.B. Einkaufen, Baden, Anziehen). Im Anschluss findest du die wichtigsten englischen Wörter und Sätze zu dem Thema.

Wenn du wissen möchtest, wie ein deutsches Wort auf Englisch heißt, kannst du leicht im Glossar Deutsch-Englisch nachschauen.

Ganz am Ende des Wörterbuches kannst du in einigen Übungen ausprobieren, wie das Nachschlagen von Wörtern in einem Wörterbuch geht. Die Lösungen am Schluss zeigen dir, ob du alles richtig gemacht hast.

Hier noch einige wichtige Abkürzungen und Zeichen, die in deinem Wörterbuch vorkommen:

Am. Wenn ein Wort nur im amerikanischen Englisch gebraucht wird, dann steht dahinter die Abkürzung Am. (zum Beispiel cookie (Am.) Keks)

Brit. Wird ein Wort nur im britischen Englisch gebraucht, so steht dahinter Brit. (zum Beispiel biscuit (Brit.) Keks).

→ Ein Pfeil zeigt dir: Schau doch auch mal da nach!

Die wichtigsten Lautschriftzeichen:

Lautschrift-zeichen	Beschreibung	deutsches Beispiel	englisches Beispiel

Lange Vokale

ɑː	langes a wie in	**Va**ter	**fa**ther
iː	langes i wie in	**nie**	**jea**ns, **s**ee
ɔː	langes o wie in	**Ho**rn	**mo**rning
ɜː	langes ö wie in	**Kö**rner	**bir**d
uː	langes u wie in	**Ku**h	**you**, **moo**n

Kurze Vokale

ʌ	kurzes a wie in	**Ma**nn	**su**n
æ	heller ä-Laut	*	**ca**t
e	kurzes e wie in	**Be**tt	**pe**t
ɪ	kurzes i wie in	**Mi**tte	**hi**t
ə	schwaches e wie in	bit**te**	**a**, broth**er**
ɒ	kurzes o wie in	**Ro**ck	**sho**p
ʊ	kurzes u wie in	**Mu**tter	**loo**k, p**u**t

Doppelvokale

aɪ	ai wie in	Main	ride, bye!
aʊ	au wie in	Haus	mouse, cow
ɔɪ	oi wie in	heute	boy
eɪ	äi	*	day
eə	-er- wie in	Kern	chair
əʊ	[ə] mit folgendem kurzen u	*	no, boat
ʊə	-ur wie in	Kur	poor
ɪə	-ier wie in	hier	ear

Konsonanten

ŋ	-ng wie in	Ring	sing
θ	scharf gelispeltes s	*	thing
ð	weich gelispeltes s	*	the, mother
ʃ	sch wie in	Schule	shop
tʃ	tsch wie in	tschüss	church
ʒ	g wie in	Etage	television
dʒ	dsch wie in	Dschungel	jam
z	weiches s wie in	Reise	zoo, these
s	scharfes s wie in	Messer	sand
w	kurzes u (kein deutsches w)	*	wind
v	v wie in	Vase	very

* Diesen Laut gibt es im Deutschen nicht. Lass dir
von deinem Lehrer oder deiner Lehrerin erklären,
wie man ihn ausspricht.

Anfangswortschatz
mit Bild-Themenseiten

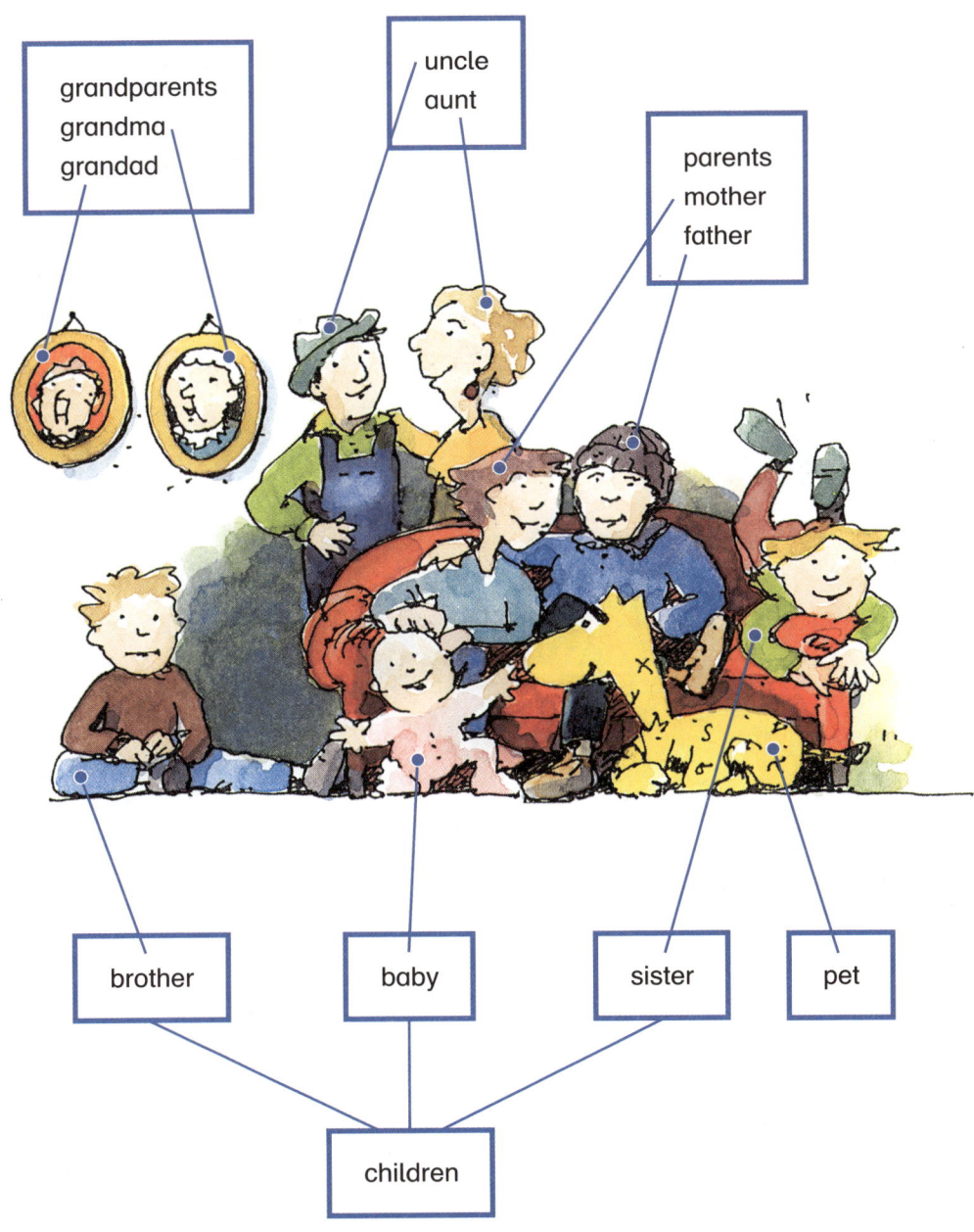

grandparents
grandma
grandad

uncle
aunt

parents
mother
father

brother

baby

sister

pet

children

one green frog
ein grüner Frosch

two black taxis
zwei schwarze Taxis

three yellow chicks
drei gelbe Küken

four blue balloons
vier blaue Ballons

five pink flowers
fünf rosa Blumen

six brown bears
sechs braune Bären

seven orange socks
sieben orange Socken

eight red cherries
acht rote Kirschen

nine purple hats
neun lila Hüte

The cherry is on the cup.
Die Kirsche ist auf der Tasse.

The cherry is in the cup.
Die Kirsche ist in der Tasse.

ten white plates
zehn weiße Teller

The cherry is under the cup.
Die Kirsche ist unter der Tasse.

hair
eye
nose
teeth
mouth

ear
face
neck
shoulder
tummy

14

head
back
arm
hand
finger

knee
bottom
toe
leg
foot

15

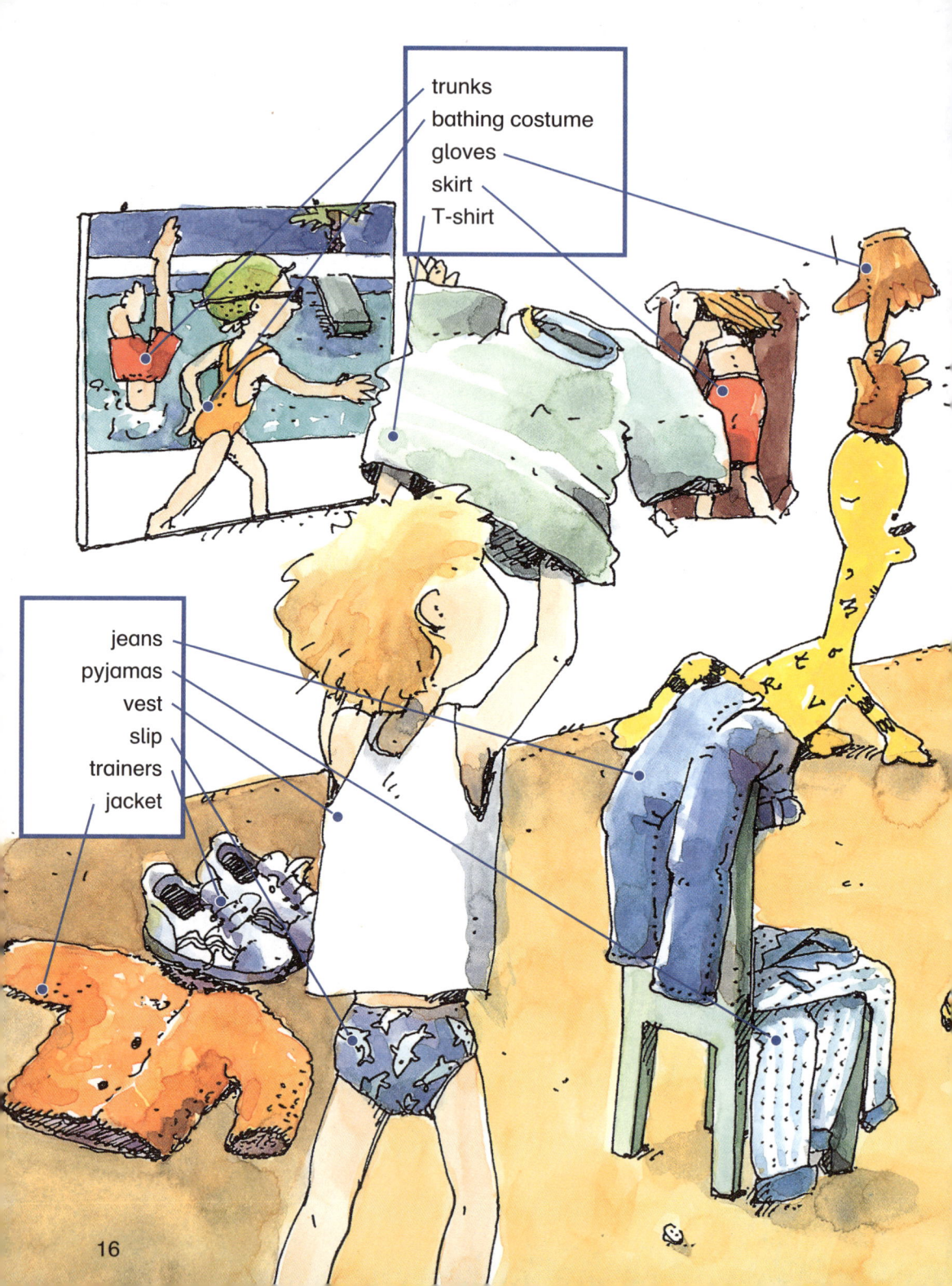

trunks

bathing costume

gloves

skirt

T-shirt

jeans

pyjamas

vest

slip

trainers

jacket

16

cap
anorak
scarf
dress
socks

wellies
tights
pullover
trousers
shoes
sandals

17

cat
goat
dog

barn
hay
trailer

goose
farmer
tractor
plough

18

sheep
lamb
pig

cock
hen
chick
duck

cow
calf
horse

hippo
monkey
rhinoceros
crocodile

zebra
lion

tiger
leopard
bear

20

giraffe
penguin

elephant
camel

polar bear
snake

21

toast
cake
bread
ketchup

honey
butter
cheese
jam

bacon
egg
juice
tea

22

spaghetti
sausages
mineral water
lemonade

chips
chicken
pizza
fish
milk

plate
cup
glass
cornflakes
spoon
fork
knife

vegetables   fruits

pear
apple
banana
carrot
cucumber

newspaper
chewing gum
trolley
bag

24

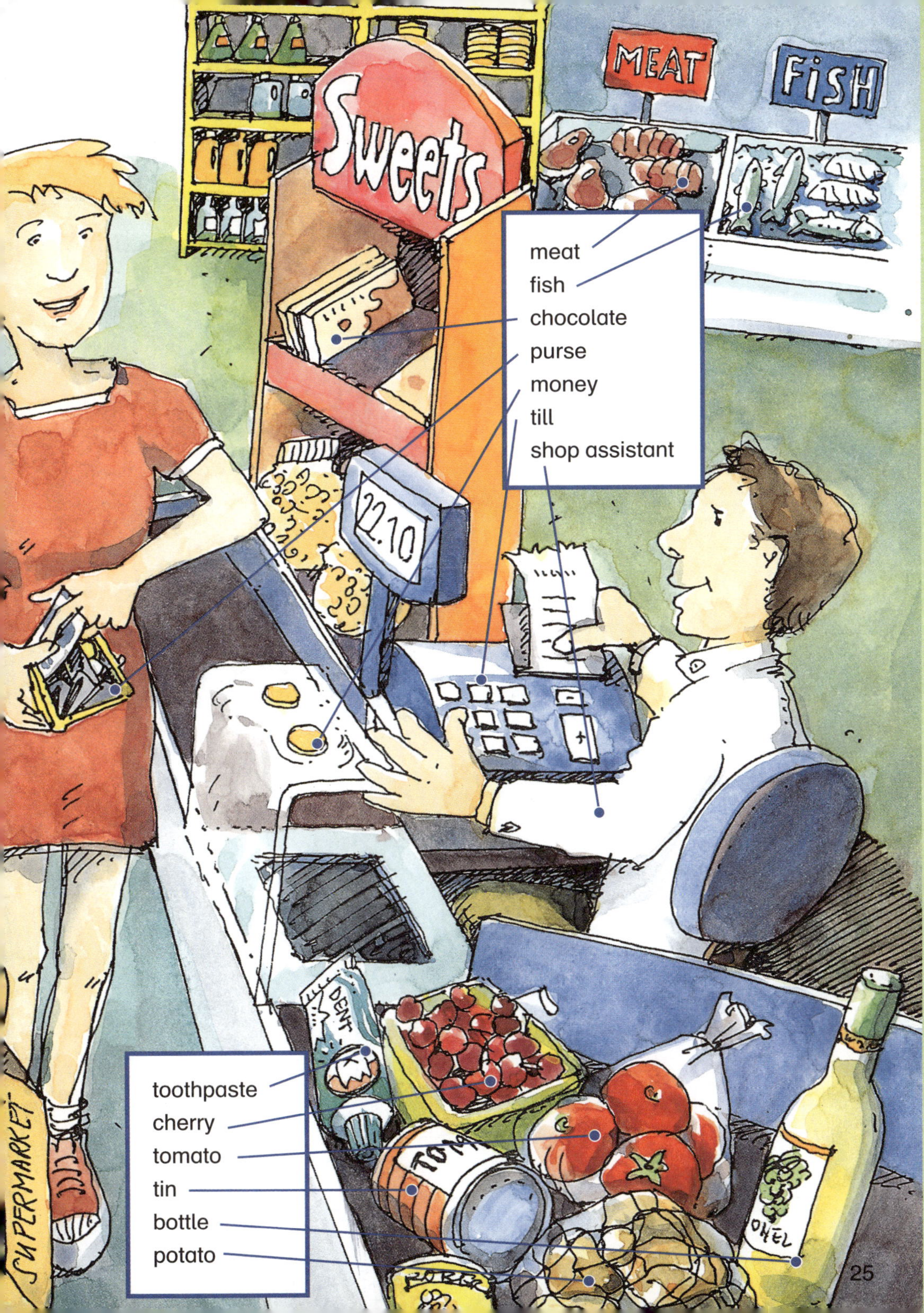
MEAT
FISH
Sweets
22.10
meat
fish
chocolate
purse
money
till
shop assistant
toothpaste
cherry
tomato
tin
bottle
potato
SUPERMARKET

book
radio
game
doll
dice

doll's house
doll's pram
car

ball
train

26

darts
scooter

marbles
teddy bear
roller skates
jigsaw

20 pieces

cards
skateboard
skipping rope

27

wardrobe
bedroom
bed
toilet

lamp
armchair
living room
sofa
bathroom

television
kitchen

cupboard
floor
table
chair

roof

stairs

cellar

garden

window

door

29

snowman
snow

JANUARY

ice skates
ice

FEBRUARY

bird
tree
flower

MAY

ice cream

JUNE

pupils

SEPTEMBER

kite
wind
leaves

OCTOBER

30

Easter egg
grass

cloud
rain
umbrella

M A R C H

A P R I L

holidays

south

sun
beach

J U L Y

A U G U S T

turkey

presents
Christmas tree

N O V E M B E R

D E C E M B E R

roller-skate
climb

ride a bike
play the guitar
throw

eat
drink
listen

seek
catch

32

play football
dance

sit
stand
jump

swim
build
hide

write
read
walk
run

33

bus
house
church
ambulance
fire-engine

crossroads
traffic lights
telephone box
underground

policeman
marketplace
bike

train
station
taxi
roundabout

car park
car
traffic sign

street
motorbike
pavement
lorry

35

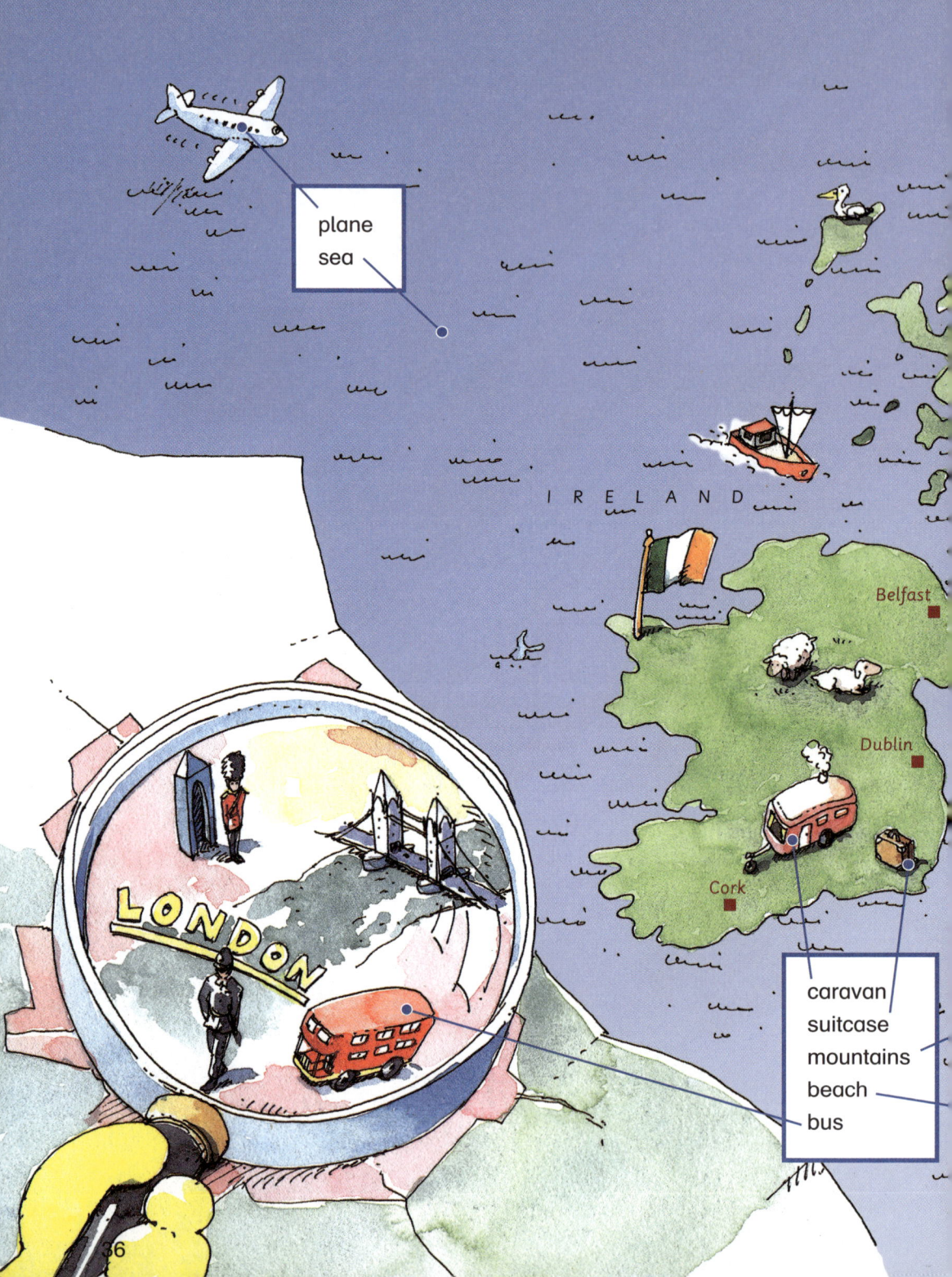

plane
sea

I R E L A N D

Belfast

Dublin

Cork

caravan
suitcase
mountains
beach
bus

LONDON

36

boat
castle
tent

train
hovercraft

Edinburgh

York

Liverpool
Manchester

GREAT
BRITAIN

Nottingham

Birmingham

Cambridge

Cardiff

Oxford
London

Exeter

Brighton

Dover

Land's End

playground
classroom
chair
paper
desk
timetable

rubber
scissors
ruler
paintbrush
schoolbag

computer
(black)board
teacher
chalk
pupil

exercise book
pencil-case
book
pen
pencil

39

happy
sad

laugh
proud
smile

Bus Stop

tired
be afraid of

funny
shy
love
angry

be surprised
hurt
cry

ANNE?

CIRCUS

41

behind

in front of

next to

opposite

between

off

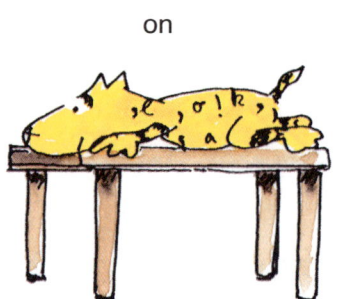

on

under

up

down

through

to the left

straight

to the right

above

into

in

low – high

sweet – sour

slow – fast

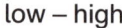

noisy – quiet

bright – dark

cold – hot

clean – dirty

soft – hard

small – big

short – long

new – old

thin – fat

light – heavy

tall – short

young – old

full – empty

wet – dry

Erste Sätze und Wendungen

My family

11

This is my family.	Das ist meine Familie.
I've got two brothers.	Ich habe zwei Brüder.
What about you?	Und du?
Have you got any brothers or sisters?	Hast du Geschwister?
No, I haven't.	Nein, habe ich nicht.
Yes, I've got a sister.	Ja, ich habe eine Schwester.
What's your name?	Wie heißt du?
My name is Sarah.	Ich heiße Sarah.
I'm John.	Ich heiße John.
Who's that?	Wer ist das?
That's my grandfather.	Das ist mein Großvater.
What's his name?	Wie heißt er?
His name is John.	Er heißt John.
How old is he?	Wie alt ist er?
He's seventy.	Er ist siebzig.

Colours and numbers

12–13

What colour is the star?	Welche Farbe hat der Stern?
It's yellow.	Er ist gelb.
What's your favourite colour?	Was ist deine Lieblingsfarbe?
It's red.	Rot.
The frog is green.	Der Frosch ist grün.
My socks are orange.	Meine Socken sind orange.
How many cherries have you got?	Wie viele Kirschen hast du?
I've got two cherries.	Ich habe zwei Kirschen.
How old are you?	Wie alt bist du?
I'm nine.	Ich bin neun.

My body

14–15

Ow, that's my foot!	Autsch, das ist mein Fuß!
You've got long arms.	Du hast lange Arme.
I've got brown hair.	Ich habe braune Haare.

I've got blue eyes.	Ich habe blaue Augen.
Touch your nose.	Berühr deine Nase.
Show me your left ear.	Zeig mir dein linkes Ohr.
My tummy hurts.	Mein Bauch tut weh.
Clap your hands.	Klatscht in die Hände.
Put your hands up.	Hebt die Hände.
Stamp your feet.	Stampft mit den Füßen.

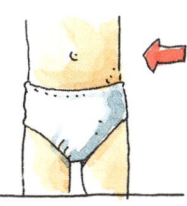

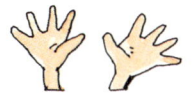

My clothes

16–17

What are you wearing?	Was hast du an?
I'm wearing a dress.	Ich trage ein Kleid.
This is a T-shirt.	Das ist ein T-Shirt.
I've got a new skirt.	Ich habe einen neuen Rock.
My socks are yellow.	Meine Socken sind gelb.
Is Peter wearing jeans?	Trägt Peter Jeans?
Yes, he is.	Ja.
No, he isn't.	Nein.
I'm putting my shoes on.	Ich ziehe meine Schuhe an.
I'm taking my anorak off.	Ich ziehe meinen Anorak aus.
What do you need in winter?	Was brauchst du im Winter?
In winter I need a scarf.	Im Winter brauche ich einen Schal.
What do you need in summer?	Was brauchst du im Sommer?
In summer I need a bathing suit.	Im Sommer brauche ich einen Badeanzug.

At the farm/At the zoo

18–21

What's that over there?	Was ist das da drüben?
It's a giraffe.	Das ist eine Giraffe.
It's brown and yellow.	Sie ist braun und gelb.
It has a long neck.	Sie hat einen langen Hals.
There's a crocodile.	Da ist ein Krokodil.
How many chicks can you see?	Wie viele Küken kannst du sehen?

There are monkeys.
Do you like cows?
Yes, I do.
No, I don't.
I've got a cat.
Have you got a pet?
No, I haven't.
Yes, I've got a dog.

Da sind Affen.
Magst du Kühe?
Ja, mag ich.
Nein, mag ich nicht.
Ich habe eine Katze.
Hast du ein Haustier?
Nein, ich habe keines.
Ja, ich habe einen Hund.

Food and drink

22–23

What do you like to eat?
What do you like to drink?
I like bananas.
I don't like milk.
Do you like
    chicken?
Yes, I do.
No, I don't.
I hate fish.
My favourite food
    is pizza.
My favourite drink is
    orange juice.
I'm hungry.
I'm thirsty.
We have breakfast at 7 o'clock.
I'm eating a sandwich.
Let's make a cake.

Can I have a spoon, please?

Here you are.
Thank you.
Pass me the butter,
    please.

Was isst du gern?
Was trinkst du gern?
Ich mag Bananen.
Ich mag keine Milch.
Magst du Hühnchen?

Ja, mag ich.
Nein, mag ich nicht.
Ich hasse Fisch.
Mein Lieblings-
    essen ist Pizza.
Mein Lieblingsgetränk ist
    Orangensaft.
Ich habe Hunger.
Ich habe Durst.
Wir frühstücken um 7 Uhr.
Ich esse ein Sandwich.
Lass uns einen Kuchen
    machen.

Kann ich bitte einen Löffel
    haben?
Bitte sehr.
Danke schön.
Reich mir bitte die Butter.

Shopping

Can I help you?
Five apples, please.
Have you got any potatoes?
Sorry, we haven't got any
   potatoes.
I'd like a pound of carrots, please.

Here you are.
Thank you.
Anything else?
No, thank you. That's all.
How much is it?
It's five pounds
   and fifty pence.
What is she buying?

My toys

This is a scooter.
Mike has got a train.
Have you got inline skates?
Let's play a game.
Can you play chess?
Yes, I can.
No, I can't.
It's your turn.
Who's next?
Peter has won.

My house

This is my house.
I live in a flat.
We've got four rooms.
Have you got a garden?
Where is the bathroom?

24–25

Kann ich Ihnen/dir helfen?
Fünf Äpfel, bitte.
Haben Sie Kartoffeln?
Tut mir leid, wir haben
   keine Kartoffeln.
Ich hätte gern ein Pfund
   Karotten.
Bitte sehr.
Danke.
Noch etwas?
Nein, danke. Das ist alles.
Wie viel macht das?
Das macht fünf Pfund und fünfzig
   Pence.
Was kauft sie?

26–27

Das ist ein Roller.
Mike hat einen Zug.
Hast du Inlineskates?
Lasst uns ein Spiel spielen.
Kannst du Schach spielen?
Ja, kann ich.
Nein, kann ich nicht.
Du bist dran.
Wer ist der Nächste?
Peter hat gewonnen.

28–29

Das ist mein Haus.
Ich wohne in einer Wohnung.
Wir haben vier Zimmer.
Habt ihr einen Garten?
Wo ist das Badezimmer?

The bathroom is upstairs.
The kitchen is downstairs.
We've got a new sofa.
Where does the chair go?
In the living room.

Das Badezimmer ist oben.
Die Küche ist unten.
Wir haben ein neues Sofa.
Wohin gehört der Stuhl?
Ins Wohnzimmer.

The year   30–31

What's the weather like today?
Today it's windy.
It's raining.
It's cold.
The sun is shining.
The weather is fine.
The flowers are in bloom.
The leaves are falling.
I'm going swimming.
I'm flying a kite.
I'm building a snowman.
I'm ice-skating.
When's your birthday?
In July.
Merry Christmas!
Happy Easter!
Happy New Year!
Happy birthday!

Wie ist das Wetter heute?
Heute ist es windig.
Es regnet.
Es ist kalt.
Die Sonne scheint.
Das Wetter ist schön.
Die Blumen blühen.
Die Blätter fallen.
Ich gehe schwimmen.
Ich lasse einen Drachen steigen.
Ich baue einen Schneemann.
Ich laufe Schlittschuh.
Wann hast du Geburtstag?
Im Juli.
Fröhliche Weihnachten!
Frohe Ostern!
Frohes neues Jahr!
Herzlichen Glückwunsch!

Activities and hobbies   32–33

What are the children doing?
The boy is riding a bike.
The girl is playing frisbee.
What's your hobby?
My hobby is swimming.
I play tennis.
I can play the guitar.
I can't swim.
Do you like football?

Was machen die Kinder?
Der Junge fährt Fahrrad.
Das Mädchen spielt Frisbee.
Was ist dein Hobby?
Mein Hobby ist Schwimmen.
Ich spiele Tennis.
Ich kann Gitarre spielen.
Ich kann nicht schwimmen.
Magst du Fußball?

Yes, I do.
No, I don't.
I like reading.
I don't like horse-riding.
He likes playing football.

Ja, mag ich.
Nein, mag ich nicht.
Ich lese gern.
Ich reite nicht gern.
Er spielt gerne Fußball.

In town/On holiday

34–37

I'm on holiday.
What are you doing for the holidays?
We want to go to Italy.
We're travelling by train.
What's that?
That's a castle.
Show me Tower Bridge.
Where are you from?
I'm from Germany.
And you?
I'd like to see the palace.
Where is the market-place, please?
Turn left/right.
Where does the bus go?
The bus goes to the station.

Ich bin im Urlaub.
Was machst du in den Ferien?

Wir wollen nach Italien fahren.
Wir reisen mit dem Zug.
Was ist das?
Das ist eine Burg.
Zeig mir die Tower Bridge.
Woher kommst du?
Ich komme aus Deutschland.
Und du?
Ich möchte gern den Palast sehen.
Wo ist der Marktplatz, bitte?

Geh nach links/rechts.
Wohin fährt der Bus?
Der Bus fährt zum Bahnhof.

At school

38–39

Hello.
Good morning.
Good afternoon.
My name is Mr Brown.
What's your name?
I'm Lisa.
Open your books at page … .
Listen, please.

Hallo.
Guten Morgen.
Guten Tag (am Nachmittag).
Mein Name ist Herr Brown.
Wie heißt du?
Ich bin Lisa.
Schlagt die Bücher auf auf Seite … .
Hört bitte zu.

Come to the board, please.
Go back to your seat.
Sit down.
Quiet, please.
Is this your pencil?
Can I have your ruler?
Let's sing a song.
Goodbye.
Bye-bye.

Komm bitte zur Tafel.
Geh zurück zu deinem Platz.
Setzt euch.
Ruhe, bitte.
Ist das dein Bleistift?
Kann ich dein Lineal haben?
Lasst uns ein Lied singen.
Auf Wiedersehen.
Tschüss.

Feelings

40–41

How are you?
I'm fine, thanks.
I'm happy today.
What's the matter?
Are you sad?
Yes, I am.
No, I'm not.
I'm afraid of the dog.

Wie geht's?
Danke, gut.
Ich bin heute glücklich.
Was ist los?
Bist du traurig?
Ja, bin ich.
Nein, bin ich nicht.
Ich habe Angst vor dem Hund.

Where?

42–43

Where is the girl?
The girl is behind the tree.

She is in front of the tree.
She is next to the tree.
Papiti is opposite Tim.
The boy is between the swings.

Papiti is jumping off the tree.
Papiti is lying on the table.
He is sleeping under the table.
Papiti is up and Jill is down.
Papiti is crawling
   through the gate.
Where are you going?

Wo ist das Mädchen?
Das Mädchen ist hinter
   dem Baum.
Sie ist vor dem Baum.
Sie ist neben dem Baum.
Papiti steht Tim gegenüber.
Der Junge ist zwischen den
   Schaukeln.

Papit springt vom Baum.
Papit liegt auf dem Tisch.
Er schläft unter dem Tisch.
Papiti ist oben und Jill unten.
Papiti krabbelt
   durch das Tor.
Wohin gehst du?

I'm going to the left/right.
She's going straight on.
Papiti is sitting in a box.
Papiti is jumping into the water.
He's above the bucket.

Ich gehe nach links/rechts.
Sie geht geradeaus.
Papiti sitzt in einer Schachtel.
Papiti springt ins Wasser.
Er ist über dem Eimer.

Opposites

44–45

The ceiling is low/high.
The fruit is sweet/sour.
The motorcycle
   is slow/fast.
Her voice is loud/quiet.
The room is bright/dark.
Your hand is dirty/clean.
The soup is hot/cold.
The seat is hard/soft.
This bag is small/big.
This sock is short/long.
We've got a new/old car.
This dog is thin/fat.
The weight is light/heavy.
My sister is tall/short.
This bottle is full/empty.
This shirt is wet/dry.

Die Decke ist niedrig/hoch.
Die Frucht ist süß/sauer.
Das Motorrad ist langsam/
   schnell.
Ihre Stimme ist laut/leise.
Der Raum ist hell/dunkel.
Deine Hand ist schmutzig/sauber.
Die Suppe ist heiß/kalt.
Der Sitz ist hart/weich.
Diese Tasche ist klein/groß.
Diese Socke ist kurz/lang.
Wir haben ein neues/altes Auto.
Dieser Hund ist dünn/dick.
Das Gewicht ist leicht/schwer.
Meine Schwester ist groß/klein.
Diese Flasche ist voll/leer.
Dieses Hemd ist nass/trocken.

A

a [ə] ein, eine
I have a dog.
Ich habe einen Hund.

---

about [əˈbaʊt] über
This book is about
knights and
dragons.
Dieses Buch
ist über Ritter
und Drachen.

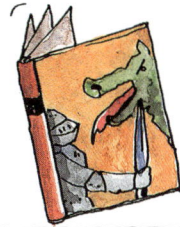

---

above [əˈbʌv] über, oben
Look, there's a spider
above your head.
Guck mal, da
ist eine Spinne
über deinem Kopf.

afraid of [əˈfreɪd]
Angst haben
Jane is afraid of rats.
Jane hat Angst vor Ratten.

---

after [ˈɑːftə] nach
My grandma sleeps after lunch.
Meine Oma schläft
nach dem Mittagessen.

---

afternoon [ɑːftəˈnuːn]
Nachmittag
In the afternoon
I can play.
Am Nachmittag kann ich
spielen.

---

again [əˈgen] wieder,
noch einmal
Say it again, please.
Sag es bitte noch einmal.

---

airport [ˈeəpɔːt] Flughafen
Can you tell me the
way to the airport?
Kannst du
mir den Weg
zum Flughafen erklären?

---

alarm clock [əˈlaːm klɒk] Wecker
My alarm clock wakes
me up every morning.
Mein Wecker weckt
mich jeden Morgen.

---

all [ɔːl] alle, alles
All children can go outside now.
Alle Kinder können jetzt nach
draußen
gehen.

alone [ə'ləʊn] allein
Kevin is alone at home.
Kevin ist allein
zu Hause.

ambulance ['æmbjʊlənts]
Krankenwagen
Look, there's an ambulance!
Guck mal, da ist
ein Krankenwagen.

a lot of [ə 'lɒt əv] viele
John has a lot of toys.
John hat viele
Spielsachen.

America [ə'merɪkə] Amerika
America is a
big country.
Amerika ist
ein großes Land.

already [ɔːl'redi] schon
I have already
done my homework.
Ich habe meine
Hausaufgaben
schon gemacht.

American [ə'merɪkən]
amerikanisch
This is the
American flag.
Das ist die
amerikanische Flagge.

always ['ɔːlwəz] immer
I always go to school by bus.
Ich fahre immer mit dem Bus
zur Schule.

an [ən] ein, eine
Would you like an apple or a
banana?
Möchtest du einen Apfel oder
eine Banane?

a.m. [eɪ 'em] (bei Uhrzeiten)
vormittags, morgens
My train goes at 10 a.m.
Mein Zug fährt um
10 Uhr morgens.

and [ənd] und
I like apples and bananas.
Ich mag Äpfel
und Bananen.

angry ['æŋgri] wütend
My little brother is angry
because he can't find his teddy.
Mein kleiner Bruder ist wütend,
weil er seinen
Teddy nicht
finden kann.

animal ['ænɪməl] Tier
Many animals have four legs.
Viele Tiere haben
vier Beine.

another [ə'nʌðə] noch ein
Would you like another
cup of tea?
Möchten Sie noch
eine Tasse Tee?

answer ['ɑːntsə] (be)antworten
Can you answer my question?
Kannst du meine Frage
beantworten?

any ['eni] irgendein,
irgendwelche
Have you got any pets?
Hast du irgendwelche
Haustiere?

apple ['æpl] Apfel
Can I have an apple, please?
Kann ich bitte
einen Apfel
haben?

April ['eɪprɪl] April
In April there's always a lot of
rain and wind.
Im April gibt es immer viel
Regen und Wind.

are [ɑː] bist, seid, sind
Are you John? – Yes I am.
Bist du John? – Ja (bin ich).

arm [ɑːm]   Arm
My arm hurts.
Mein Arm
tut weh.

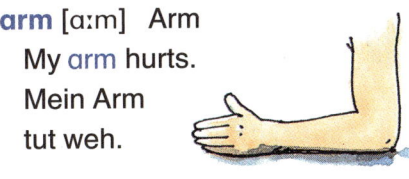

armchair ['ɑːmtʃeə] Sessel
My father is sitting
in his armchair.
Mein Vater
sitzt in seinem
Sessel.

around [əˈraʊnd] um ... herum
The dog is running
around the tree.
Der Hund rennt um
den Baum herum.

autumn [ˈɔːtəm]
Herbst (Brit.)
In autumn the
leaves are red.
Im Herbst sind die
Blätter rot.

ask [aːsk] fragen
"What is that?" Anne asked.
„Was ist das?"
fragte Anne.

away [əˈweɪ] weg
When the cat's away
the mice will play.
(Sprichwort: Wenn die Katze
weg ist, spielen die
Mäuse.)

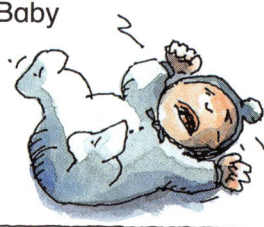

at [ət] an, bei, in
Paul is standing
at the bus stop.
Paul steht an der
Bushaltestelle.

B

baby [ˈbeɪbi] Baby
Babies
often cry.
Babys
schreien oft.

August [ˈɔːgəst] August
In August many farmers
cut the grass to make hay.
Im August schneiden viele
Bauern Gras, um Heu
zu machen.

back [bæk] Rücken
My mother always washes
my back.
Meine Mutter
wäscht mir
immer
den Rücken.

aunt [aːnt] Tante
My mother's sister is my aunt.
Die Schwester meiner Mutter ist
meine Tante.

back [bæk] zurück
My mother will be back at
12 o'clock.
Meine Mutter wird um 12 Uhr
zurück sein.

bacon ['beɪkən] Speck
English people often have
bacon and eggs for breakfast.
Engländer essen oft Speck und
Eier zum Frühstück.

bad [bæd] schlecht
Today the weather is bad.
Heute ist das Wetter schlecht.

bag [bæg] Tasche, Tüte
Take a bag when
you go to town.
Nimm eine
Tasche mit,
wenn du
in die Stadt
gehst.

ball [bɔːl] Ball
I have a new ball.
Ich habe einen
neuen Ball.

Ball Games – Ballspiele
soccer – Fußball
basketball – Basketball
cricket – Cricket
volleyball – Volleyball
rugby – Rugby
baseball – Baseball
tennis – Tennis
table-tennis – Tischtennis

banana [bəˈnɑːnə] Banane
Monkeys love bananas.
Affen lieben Bananen.

bar of chocolate [bɑːr əv
ˈtʃɒkələt] Tafel Schokolade
Can you buy me
a bar of chocolate?
Kannst du mir eine Tafel
Schokolade kaufen?

barn [bɑːn] Scheune
The hay is in the barn.
Das Heu
ist in der
Scheune.

basket [ˈbɑːskɪt] Korb
Mary puts the apples
into the basket.
Mary legt die
Äpfel in
den
Korb.

basketball [ˈbɑːskɪtbɔːl]
Basketball
Let's play basketball
this afternoon.
Lasst uns heute
Nachmittag
Basketball spielen.

bath [bɑːθ] Bad
On saturdays I always
take a bath.
Samstags nehme ich immer
ein Bad.

bathing costume [ˈbeɪðɪŋ
kɒstjuːm] Badeanzug (Brit.)
I wear my new bathing
costume when I go swimming.
Ich habe meinen neuen Badeanzug an, wenn ich
schwimmen gehe.

bathroom [ˈbɑːθrʊm]
Badezimmer
Anne is brushing her
teeth in the bathroom.
Anne putzt
sich die
Zähne im
Badezimmer.

be [biː] sein
It´s nice to be at home.
Es ist schön, zu Hause zu sein.

beach [biːtʃ] Strand
Tom and Tim are building
sandcastles on the beach.
Tom und Tim
bauen Sandburgen
am Strand.

On the Beach – Am Strand
bucket – Eimer
spade – Schaufel
shell – Muschel
sandcastle – Sandburg
sea – Meer
boat – Boot
surfboard – Surfbrett
(face) mask – Taucherbrille
snorkel – Schnorchel
sunglasses – Sonnenbrille

---

bean [biːn] Bohne
My mother likes to cook
beans for dinner.
Meine Mutter kocht gerne
Bohnen zum Essen.

---

bear [beə] Bär
My favourite animals
are bears.
Meine Lieblings-
tiere sind
Bären.

---

because [bɪˈkɒz] weil
Today I can't go to school
because I'm ill.
Heute kann ich nicht zur Schule
gehen, weil ich krank bin.

---

become [bɪˈkʌm] werden
I'd like to become
a postman.
Ich möchte gerne
Postbote werden.

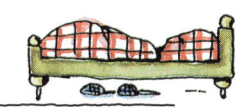

---

bed [bed] Bett
I'm going to bed now.
Good night.
Ich gehe jetzt ins
Bett. Gute Nacht.

---

bedroom [ˈbedrʊm] Schlafzimmer
Our house has two bedrooms.
Unser Haus hat zwei
Schlafzimmer.

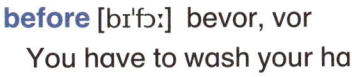

---

before [bɪˈfɔː] bevor, vor
You have to wash your hands
before you eat.
Du musst dir die Hände
waschen, bevor du isst.

begin [bɪ'gɪn] anfangen, beginnen
Spring begins in March.
Der Frühling beginnt im März.

behind [bɪ'haɪnd] hinter
There's a big tree behind our house.
Da steht ein großer Baum hinter unserem Haus.

belt [belt] Gürtel
My trousers are too big. I want a belt.
Meine Hose ist zu groß. Ich will einen Gürtel.

bench [benʃ] Bank
My grandma always sits on the bench in front of our house.
Meine Oma sitzt immer auf der Bank vor unserem Haus.

beside [bɪ'saɪd] neben
There's a tree beside our house.
Da steht ein Baum neben unserem Haus.

between [bɪ'twiːn] zwischen
There's a big tree between our house and your house.
Da steht ein großer Baum zwischen unserem und eurem Haus.

big [bɪg] groß
That hat is too big for you.
Der Hut ist zu groß für dich.

bike, bicycle [baɪk, 'baɪsɪkl] Fahrrad
My little sister can already ride her bike.
Meine kleine Schwester kann schon Fahrrad fahren.

bird [bɜːd] Vogel
In winter many birds fly south.
Im Winter fliegen viele Vögel in den Süden.

birthday ['bɜθdeɪ] Geburtstag
When's your birthday?
– My birthday is in July.
Wann hast du Geburtstag?
– Ich habe im Juli Geburtstag.

A
B
C
D
E
F
G
H
I
J
K
L
M
N
O
P
Q
R
S
T
U
V
W
XY
Z

Birthday – **Geburtstag**
birthday party – Geburtstagsfeier
birthday cake – Geburtstagskuchen
candle – Kerze
present – Geschenk
Happy birthday! – Herzlichen Glückwunsch!

biscuit ['bɪskɪt] Keks (Brit.)
Sam always eats biscuits for breakfast.
Sam isst immer Kekse zum Frühstück.

black [blæk] schwarz
I don't like black clothes.
Ich mag keine schwarze Kleidung.

blackboard ['blækbɔːd] Tafel
The teacher is writing something on the blackboard.
Der Lehrer schreibt etwas an die Tafel.

blossom ['blɒsəm] Blüte
In spring many trees get their blossoms.
Im Frühling bekommen viele Bäume Blüten.

blouse [blaʊz] Bluse
Today my mother is wearing a green blouse.
Heute hat meine Mutter eine grüne Bluse an.

blow [bləʊ] blasen, pusten, pfeifen
Listen! The wind is blowing.
Hör nur! Der Wind pfeift.

65

blue [bluː] blau
The water is very blue.
Das Wasser ist sehr blau.

board [bɔːd] Tafel → blackboard

boat [bəʊt] Boot
Today there are many
boats on the lake.
Heute sind viele Boote
auf dem See.

body ['bɒdi] Körper
My hands and legs are
parts of my body.
Meine Hände und
Beine sind Teile von
meinem Körper.

book [bʊk] Buch
My father is reading a book.
Mein Vater liest
gerade ein Buch.

bookcase ['bʊkkeɪs] Regal
Helen has two
bookcases in her room.
Helen hat zwei Regale
in ihrem Zimmer.

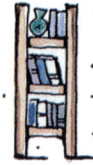

bottle ['bɒtl] Flasche
My mother always buys
milk in bottles.
Meine Mutter kauft Milch
immer in Flaschen.

bottom ['bɒtəm] Po
Peter fell on his
bottom and cried.
Peter fiel auf
den Po und weinte.

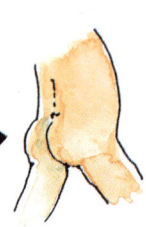

bought [bɔːt] kaufte, gekauft
→ buy
Yesterday we bought a
new bike for my sister.
Gestern haben
wir ein neues Fahrrad
für meine Schwester
gekauft.

box [bɒks] Schachtel, Kiste
What is in the box?
Was ist in der Kiste?

boy [bɔɪ] Junge
Many boys like to play
with cars.
Viele Jungen spielen
gern mit Autos.

boyfriend ['bɔɪfrend] Freund (eines Mädchens)
Have you already got a boy-friend, Susan? – Yes, I have.
Hast du schon einen Freund? – Ja, habe ich.

briefs [briːfs] Unterhose (Brit.)
I wear briefs under my trousers.
Ich habe unter meiner Hose eine Unterhose an.

bread [bred] Brot
Can you pass the bread, please?
Kannst du mir bitte das Brot reichen?

bright [braɪt] hell
This house has many windows. It's very bright in here.
Dieses Haus hat viele Fenster.
Es ist sehr hell hier drin.

breakfast ['brekfəst] Frühstück
After breakfast I have to go to school.
Nach dem Frühstück muss ich zur Schule gehen.

bring ['brɪŋ] (mit)bringen
Can you bring me something from the shop?
Kannst du mir etwas aus dem Laden mitbringen?

bridge [brɪdʒ] Brücke
Richard is standing on the bridge and is watching boats.
Richard steht auf der Brücke und beobachtet Boote.

British ['brɪtɪʃ] britisch
This is the British flag.
Das ist die britische Flagge.

broken ['brəʊkən] zerbrochen, kaputt
The glass is broken.
Das Glas ist kaputt.

67

brother ['brʌðə] Bruder
My brother has red hair.
Mein Bruder hat rote Haare.

brought [brɔːt] brachte, gebracht → bring
On my birthday my aunt brought me a nice present.
Meine Tante brachte mir zum Geburtstag ein schönes Geschenk.

brown [braʊn] braun
After the holidays our faces were very brown.
Nach dem Urlaub waren unsere Gesichter sehr braun.

brush [brʌʃ] putzen, bürsten
Paul has to brush his teeth before he goes to bed.
Paul muss sich die Zähne putzen, bevor er ins Bett geht.

bubble ['bʌbl] Blase
Jane can make big bubbles with her chewing gum.
Jane kann mit ihrem Kaugummi große Blasen machen.

bucket ['bʌkɪt] Eimer
Larry takes his bucket to the beach.
Larry nimmt seinen Eimer mit zum Strand.

build [bɪld] bauen
Ben is building sandcastles on the beach.
Ben baut Sandburgen am Strand.

bull [bʊl] Bulle
Dorothy is afraid of bulls.
Dorothy hat Angst vor Bullen.

bus [bʌs] Bus
Karen goes to school by bus.
Karen fährt mit dem Bus zur
Schule.

butterfly ['bʌtəflaɪ] Schmetterling
Butterflies like flowers.
Schmetterlinge
mögen Blumen.

bus stop ['bʌs stop]
Bushaltestelle
Karen is waiting for
the bus at the bus stop.
Karen wartet an der
Bushaltestelle
auf den Bus.

buy [baɪ] kaufen
Every morning we buy
rolls for our breakfast.
Jeden Morgen kaufen wir
Brötchen für unser
Frühstück.

but [bʌt] aber, sondern
This man is not my father but
my grandfather.
Dieser Mann ist nicht mein
Vater, sondern mein
Großvater.

by [baɪ] von, durch, mit
Let's walk to town. – No, let's
go by bus.
Lasst uns in die Stadt gehen. –
Nein, lasst uns mit dem Bus
fahren.

butter ['bʌtə] Butter
I'd like more butter on my toast,
please.
Ich möchte bitte
mehr Butter auf
meinen Toast.

bye!, bye-bye! [baɪ, baɪ'baɪ]
tschüss, auf Wiedersehen
I have to go now. Bye-bye!
Ich muss jetzt gehen.
Tschüss!

A
B
C
D
E
F
G
H
I
J
K
L
M
N
O
P
Q
R
S
T
U
V
W
XY
Z

69

C

cake [keɪk] Kuchen
My mother makes
good cakes.
Meine Mutter
macht gute
Kuchen.

calf [kɑːf] Kalb, Kälbchen
Our cow had a little
calf last night.
Unsere Kuh hat
heute Nacht ein
kleines Kälbchen
bekommen.

came [keɪm] kam
→ come
Aunt Jill came to see
our new baby.
Tante Jill kam, um unser neues
Baby zu sehen.

camel ['kæməl] Kamel
There's a new camel in the zoo.
Im Zoo gibt es ein neues
Kamel.

campsite ['kæmpsaɪt]
Campingplatz
There's a nice campsite
at the lake.
Es gibt einen schönen
Campingplatz
am See.

can [kæn] können
Can I have your pencil, please?
– Sorry, but you can't.
Kann ich deinen Bleistift
haben? – Leider nein.

canary [kə'neəri]
Kanarienvogel
My canary is not
orange but yellow.
Mein Kanarienvogel ist nicht
orange, sondern gelb.

candle ['kændl] Kerze
I have six candles on my
birthday cake.
Ich habe sechs
Kerzen auf meinem
Geburtstagskuchen.

cap [kæp] Kappe
In summer Tim wears his cap.
Im Sommer trägt Tim
seine Kappe.

car [kɑː] Auto
Yesterday we got a new car.
Gestern haben wir ein neues
Auto bekommen.

caravan ['kærəvæn]
Wohnwagen
On holiday we always sleep in
our caravan.
Im Urlaub schlafen
wir immer in unserem
Wohnwagen.

cards [kɑːdz] Karten
Do you like to play cards
with me?
Möchtest du mit
mir Karten
spielen?

carrot ['kærət] Karotte
Rabbits eat carrots.
Kaninchen fressen
Karotten.

carry ['kæri] tragen
This bag is very heavy.
You cannot carry it.
Diese Tasche ist
sehr schwer. Du kannst
sie nicht tragen.

cash register [kæʃ 'redʒɪstə]
Kasse
The woman at the
cash register is my aunt.
Die Frau an der Kasse
ist meine Tante.

castle ['kɑːsl] Burg
This castle is open
today.
Diese Burg ist
heute geöffnet.

cat [kæt] Katze
Cats eat mice.
Katzen fressen
Mäuse.

catch [kætʃ] fangen
The cat can't catch the bird.
Die Katze kann
den Vogel nicht
fangen.

cellar ['selə] Keller
It's very dark in our cellar.
In unserem Keller ist es
sehr dunkel.

cent [sent] Cent
100 cents are 1 euro.
100 Cent sind 1 Euro.

chair [tʃeə] Stuhl
Don't stand on
your chair.
Steh nicht auf
dem Stuhl.

chalk [tʃɔːk] Kreide
Where's the chalk? I want to
write something on the board.
Wo ist die Kreide? Ich möchte
etwas an die Tafel
schreiben.

chase [tʃeɪs] fangen, jagen
Helen chases Ben.
Helen fängt Ben.

cheap [tʃiːp] billig
We'll take this car. It's cheap
but good.
Wir nehmen dieses
Auto. Es ist billig,
aber gut.

cheese [tʃiːz] Käse
Jim likes cheese in his
sandwich.
Jim mag Käse auf
seinem Butterbrot.

cherry ['tʃeri] Kirsche
Diana likes cherries.
Diana mag
gerne Kirschen.

chess [tʃes] Schach
Let's play a game of chess.
Lass uns eine Partie
Schach spielen.

chick [tʃɪk] Küken
Our hen has ten yellow
chicks.
Unsere Henne hat
zehn gelbe Küken.

chicken ['tʃɪkɪn] Huhn

Yesterday we had chicken for lunch.
Gestern hatten wir Huhn zum Mittagessen.

child [tʃaɪld] Kind

Why is this child smiling?
Warum lächelt das Kind?

children ['tʃɪldrən] Kinder

The Wilsons have three children.
Die Wilsons haben drei Kinder.

chips [tʃɪps] Pommes frites

Jane likes ketchup on her chips.
Jane mag gerne Ketchup auf ihren Pommes.

chocolate ['tʃɒkələt] Schokolade

I love chocolate.
Ich liebe Schokolade.

Christmas ['krɪsməs] Weihnachten

What do you want for Christmas?
Was wünschst du dir zu Weihnachten?

Christmas – Weihnachten

Christmas tree – Weihnachtsbaum
Christmas card – Weihnachtskarte
Christmas carol – Weihnachtslied
Christmas pudding – Plumpudding
Merry Christmas! – Fröhliche Weihnachten!

In Großbritannien und den USA bekommen die Kinder ihre Weihnachtsgeschenke nicht am Heiligabend (Christmas Eve), sondern am 1. Weihnachtstag (Christmas Day).

A B C D E F G H I J K L M N O P Q R S T U V W XY Z

church [tʃɜːtʃ] Kirche
We go to church every Sunday.
Wir gehen jeden Sonntag zur Kirche.

cinema ['sɪnəmə] Kino
Let's go to the cinema this afternoon.
Lasst uns heute Nachmittag ins Kino gehen.

circus ['sɜːkəs] Zirkus
This week there's a circus in our town.
Diese Woche ist ein Zirkus in unserer Stadt.

city ['sɪti] (Groß-)Stadt
London is a big city.
London ist eine große Stadt.

clap [klæp] klatschen
All the children clapped their hands when they saw the clown.
Alle Kinder klatschten in die Hände, als sie den Clown sahen.

classroom ['klɑːsrʊm]
Klassenraum, Klasse
The teacher says:
"Go back into the classroom."
Die Lehrerin sagt: „Geht zurück in den Kassenraum."

Classroom Phrases – Begriffe aus dem Klassenraum

Open your books on page … – Schlagt eure Bücher auf auf Seite …!
Listen, please. – Hört bitte zu!
Once again. – Noch einmal.
Answer the question. – Beantworte(t) die Frage!
Write down. – Schreib(t) auf!
Come to the board, please. – Komm bitte zur Tafel!
Go back to your seat. – Geh zurück zu deinem Platz!
Stand up, please. – Steh(t) bitte auf!
Sit down, please! – Setz dich bitte hin!

clean [kliːn] sauber
Sam puts on a clean shirt.
Sam zieht ein sauberes
Hemd an.

climb [klaɪm] klettern
Paul climbed
up the tree.
Paul kletterte
den Baum hoch.

clock [klɒk] Uhr
Our clock is in the kitchen.
Unsere Uhr ist in der Küche.

close [kləʊz] zumachen
It's cold in here.
Please, close
the door.
Es ist kalt hier drin.
Mach bitte die Tür zu.

closed [kləʊzd] zu,
geschlossen
On Sundays the
shops are closed.
Sonntags sind
die Geschäfte
geschlossen.

clothes [kləʊðz] Kleidung,
Kleider
My brother must always
wear my old clothes.
Mein Bruder
muss immer
meine alte
Kleidung tragen.

cloud [klaʊd] Wolke
Look at the clouds up there.
Guck dir die Wolken
da oben an.

cloudy ['klaʊdi] bewölkt
It's very cloudy today.
Heute ist es sehr bewölkt.

coat [kəʊt] Mantel
I can't wear my coat
today. It's dirty.
Ich kann heute
meinen Mantel
nicht tragen.
Er ist schmutzig.

A B C D E F G H I J K L M N O P Q R S T U V W XY Z

cock [kɒk] Hahn
The cock is sitting on the barn.
Der Hahn sitzt auf der Scheune.

come [kʌm] kommen
Where's Tina? Oh, here she comes.
Wo ist Tina? Ah, da kommt sie.

coffee ['kɒfi] Kaffee
A coffee with milk, please.
Einen Kaffee mit Milch, bitte.

come from [kʌm frɒm] kommen aus
Where do you come from?
– I come from Scotland.
Woher kommst du?
– Ich komme aus Schottland.

coke [kəʊk] Cola
Can I have a coke, please?
Kann ich bitte eine Cola haben?

come in [kʌm ɪn] hereinkommen
Come in!
Komm(t) herein!

cold [kəʊld] kalt
In winter it's cold outside.
Im Winter ist es draußen kalt.

Colours – Farben
red – rot
yellow – gelb
green – grün
blue – blau
black – schwarz
white – weiß
brown – braun
orange – orange
pink – rosa, pink
grey – grau

colour ['kʌlə] Farbe
What colour is Papiti?
– He's black and yellow.
Welche Farbe hat Papiti?
– Er ist schwarz-gelb.

computer [kəm'pjuːtə] Computer
Doris has a computer
in her bedroom.
Doris hat einen
Computer in
ihrem Zimmer.

Computer – Computer
keyboard – Tastatur
screen – Bildschirm
mouse – Maus
joystick – Joystick
scroll – scrollen
floppy disc – Diskette
CD-rom – CD-ROM
scanner – Scanner
printer – Drucker
speaker – Lautsprecher

cook [kʊk] kochen
Mum, what are you cooking?
– I'm cooking spaghetti.
Mama, was kochst du?
– Ich koche Spaghetti.

cookie ['kʊki] (Am.) Keks
Do you like cookies
for breakfast?
Magst du Kekse
zum Frühstück?

could [kʊd] konnte, könnte
Yesterday, I couldn't come to
school.
Gestern konnte ich nicht zur
Schule kommen.

count [kaʊnt] zählen, rechnen
There are many bottles.
Can you count them?
Da sind viele Flaschen.
Kannst du
sie zählen?

country ['kʌntri] Land
Germany and Spain are
countries in Europe.
Deutschland und Spanien sind
Länder in Europa.

Countries – Länder
Germany – Deutschland
England – England
Great Britain – Groß-
britannien
Italy – Italien
France – Frankreich
Spain – Spanien
America – Amerika
USA [juːes'eɪ] – USA
Turkey – Türkei

cousin ['kʌzən] Cousin, Cousine
My cousin is the son of my
mother's brother.
Mein Cousin ist der Sohn vom
Bruder meiner Mutter.

cow [kaʊ] Kuh
Cows give milk.
Kühe geben Milch.

crawl [krɔːl] krabbeln
Babies crawl before they learn
to walk.
Babys krabbeln,
bevor sie
laufen lernen.

crocodile ['krɒkədaɪl] Krokodil
The crocodile has a big mouth.
Das Krokodil hat ein großes
Maul.

cross out [krɒs aʊt]
durchstreichen
This word is wrong.
Please cross it out.
Dieses Wort ist falsch.
Streich es bitte durch.

crossroads ['krɒsrəʊdz] Kreuzung
There are many
crossroads in
our town.
In unserer Stadt
gibt es viele Kreuzungen.

cry [kraɪ] weinen
Papiti cries because
he is alone at home.
Papiti weint, weil er
allein zu Hause ist.

cucumber ['kjuːkʌmbə] Gurke
We have big cucumbers in our
garden.
Wir haben große Gurken in
unserem Garten.

cup [kʌp] Tasse
Would you like a
cup of tea?
Möchtest du eine
Tasse Tee?

cupboard ['kʌbəd] Schrank
Put the cups into
the cupboard.
Stell die Tassen
in den Schrank.

cut [kʌt] schneiden
Mum, can you cut
this apple for me?
Mama, kannst du
mir diesen Apfel schneiden?

D

dad, daddy [dæd 'dædi]
Papa
This is my daddy.
Das ist mein Papa.

dance [dɑːnts] tanzen
At my birthday party a lot of
children danced.
Auf meiner Geburtstagsfeier
haben viele Kinder getanzt.

dark [dɑːk] dunkel
It's getting dark outside.
Es wird draußen dunkel.

date [deɪt] Datum
What date is it today?
Welches Datum
haben wir heute?

daughter ['dɔtə] Tochter
The Aldersons have
one daughter.
Die Aldersons haben
eine Tochter.

day [deɪ] Tag
What day is it today?
Welcher Tag ist heute?

Days of the Week –
Wochentage
Monday – Montag
Tuesday – Dienstag
Wednesday – Mittwoch
Thursday – Donnerstag
Friday – Freitag
Saturday – Samstag,
Sonnabend
Sunday – Sonntag
on Saturday – am Samstag
on Saturdays – samstags
What day is today? –
Welcher Tag ist heute?
It's Tuesday. –
Es ist Dienstag.

A B C D E F G H I J K L M N O P Q R S T U V W XY Z

dear [dɪə] liebe(r)
Begin your letter with
"Dear Mum".
Fang deinen Brief
mit „Liebe Mama" an.

different ['dɪfrnt] verschieden
These brothers
look very different.
Diese Brüder sehen
sehr verschieden aus.

December [dɪ'sembə] Dezember
In December we often get
snow.
Im Dezember haben wir oft
Schnee.

dinner ['dɪnə] Essen
My parents are going
out for dinner tonight.
Meine Eltern gehen heute
Abend zum Essen aus.

desk [desk] Schreibtisch
My desk is near the window.
Mein Schreibtisch
ist nahe dem
Fenster.

dirty ['dɜːti] schmutzig
Don't eat with dirty hands,
please.
Iss bitte nicht mit
schmutzigen Händen.

dice [daɪs] Würfel (Mehrzahl)
It's your turn.
Take the dice.
Du bist dran.
Nimm die Würfel.

dishes ['dɪʃɪz] Geschirr
Could you please put your
dishes away?
Könntest du bitte
dein Geschirr
wegstellen?

did [dɪd] machte, tat
→ do
What did you do yesterday?
Was hast du gestern gemacht?

do [duː] tun, machen
What are you doing?
Was machst du gerade?

dog [dɒg] Hund
My dog's name is Timmy.
Mein Hund
heißt Timmy.

doll [dɒl] Puppe
My doll has got
a new dress.
Meine Puppe hat
ein neues Kleid.

dollar ['dɒlə] Dollar
How many dollars have you got?
Wie viele Dollars hast du?

doll's house ['dɒlz haʊs]
Puppenhaus
My doll's house is
very big.
Mein Puppenhaus ist sehr groß.

doll's pram ['dɒlz præm]
Puppenwagen
My doll's pram is broken.
Mein Puppenwagen ist kaputt.

door [dɔː] Tür
Our house has green doors.
Unser Haus hat grüne Türen.

down [daʊn] unten, runter
Mum shouts: "Ben, come
down!"
Mama ruft: „Ben, komm
runter!"

downstairs [daʊn'steəz] unten
(im Haus)
Mum is downstairs.
Mama ist unten.

drank [dræŋk] trank
→ drink
Yesterday I drank six glasses
of coke.
Gestern trank ich sechs
Gläser Cola.

draw [drɔː] zeichnen, malen
Can you draw
a sun?
Kannst du eine
Sonne malen?

dream [driːm] träumen
My brother
dreams every night.
Mein Bruder
träumt jede
Nacht.

dress [dres] Kleid
I got a new dress for Christmas.
Ich habe ein neues Kleid zu
Weihnachten bekommen.

dress up [dres ˈʌp] sich
verkleiden
Let's dress up for Halloween.
Lasst uns zu Halloween
verkleiden.

drink [drɪŋk] Getränk
Take a drink for
your picnic.
Nimm ein Getränk
für euer Picknick mit.

drink [drɪŋk] trinken
Don't drink too fast!
Trink nicht zu schnell!

dry [draɪ] trocken
Is your hair dry?
Sind deine Haare trocken?

duck [dʌk] Ente
The duck is
swimming on the lake.
Die Ente schwimmt auf dem See.

E

ear [ɪə] Ohr
You have to wash
your ears, too.
Du musst auch deine
Ohren waschen.

Easter [ˈiːstə] Ostern
Easter is in spring.
Ostern ist im
Frühling.

Easter – Ostern
Easter egg – Osterei
Easter basket – Osterkorb
Easter bunny – Osterhase
Happy Easter! –
　　　　　Frohe Ostern!
Good Friday – Karfreitag
hot cross bun – süßes
Brötchen mit einem Kreuz
darauf, das in Großbritan-
nien am Karfreitag gegessen
wird.

eat [iːt] essen, fressen
Ben is eating an apple.
Ben isst einen Apfel.

egg [eg] Ei
My brother sometimes
eats five eggs for breakfast.
Mein Bruder isst manchmal
fünf Eier zum Frühstück.

euro ['jʊərəʊ] Euro, €
Britain doesn't have the euro.
Großbritannien hat
den Euro nicht.

elephant ['elɪfənt] Elefant
There's a little baby
elephant in our zoo.
Es gibt ein kleines
Elefantenbaby in
unserem Zoo.

Europe ['jʊərəʊp] Europa
England and Germany
are countries in Europe.
England und Deutschland
sind Länder in Europa.

evening ['iːvnɪŋ] Abend
In the evening my father comes
back from work.
Am Abend kommt mein
Vater von der
Arbeit
zurück.

empty ['emti] leer
This bottle is empty.
Diese Flasche
ist leer.

England ['ɪŋglənd] England
London is a city
in the south of England.
London ist eine Stadt
im Süden von England.

every ['evri] jeder
I go to school every day.
Ich gehe jeden Tag zur Schule.

excuse me [ɪk'skjuːs miː]
Entschuldigung
Excuse me, can you tell me the
way to the station?
Entschuldigung, können Sie mir
den Weg zum Bahnhof
erklären?

English ['ɪŋglɪʃ]
englisch
Do you speak
English?
Sprichst du Englisch?

exercise book ['eksəsaɪz bʊk] Heft

Write your homework in your red exercise book. Schreibt eure Hausarbeiten in euer rotes Heft.

eye [aɪ] Auge

My mother has blue eyes.
Meine Mutter hat blaue Augen.

face [feɪs] Gesicht
Mike has a round face.
Mike hat ein rundes Gesicht.

fall [fɔːl] fallen
Don't run so fast.
You could fall.
Renn nicht so schnell.
Du könntest fallen.

fall [fɔːl] Herbst (Am.)
In fall the leaves are red.
Im Herbst sind
die Blätter rot.

family ['fæməli] Familie
I have a big family.
Ich habe eine
große Familie.

Family – Familie
mother – Mutter
father – Vater
child – Kind
grandma – Oma
grandad – Opa
brother – Bruder
sister – Schwester
uncle – Onkel
aunt – Tante
cousin – Cousin, Cousine

far [fɑː] weit
America is far
away from here.
Amerika ist weit
weg von hier.

farm [fɑːm] Bauernhof
Old MacDonald had a farm.
Der alte MacDonald hatte einen Bauernhof.

farmer ['fɑːmə] Bauer
Old Macdonald is a farmer.
Der alte Macdonald ist ein Bauer.

fast [fɑːst] schnell
Anne can run fast.
Anne kann schnell rennen.

fat [fæt] dick, fett
Our dog is too fat.
Unser Hund ist zu dick.

father ['fɑːðə] Vater
My father has grey hair already.
Mein Vater hat schon graue Haare.

favourite ['feɪvərɪt] Lieblings-
My favourite colour is blue.
Meine Lieblingsfarbe ist Blau.

February ['februəri] Februar
My birthday is in February.
Mein Geburtstag ist im Februar.

feed [fiːd] füttern
I like feeding the ducks.
Ich füttere gern die Enten.

feel [fiːl] fühlen
How do you feel?
Wie fühlst du dich?

feet [fiːt] Füße
→ foot
My feet are too big for these shoes.
Meine Füße sind zu groß für diese Schuhe.

85

fell [fel] fiel → fall
Yesterday Karen fell on her knees.
Gestern fiel Karen auf ihre Knie.

felt [felt] fühlte, gefühlt
→ feel
Yesterday Jane felt very bad.
Jane fühlte sich gestern sehr schlecht.

fence [fents] Zaun
There's a fence around our garden.
Wir haben einen Zaun um unseren Garten.

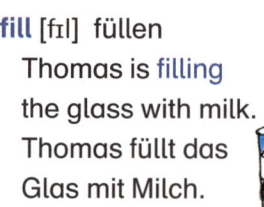

ferry ['feri] Fähre
We take the ferry to England.
Wir nehmen die Fähre nach England.

fill [fɪl] füllen
Thomas is filling the glass with milk.
Thomas füllt das Glas mit Milch.

film [fɪlm] Film
We're watching a film on TV.
Wir gucken einen Film im Fernsehen.

find [faɪnd] finden
I can't find my pen.
Ich kann meinen Stift nicht finden.

fine [faɪn] gut
How are you?
– I'm fine, thanks.
Wie geht's dir?
– Gut, danke.

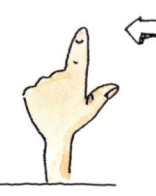

finger ['fɪŋɡə] Finger
I have short fingers.
Ich habe kurze Finger.

finish ['fɪnɪʃ] beenden, fertig machen
Have you finished your homework?
Hast du deine Hausaufgaben fertig gemacht?

fire-engine ['faɪə endʒɪn]
Feuerwehrwagen
Look, there's a
fire-engine.
Guck mal, da ist
ein Feuerwehrwagen.

first [fɜːst] erste
Mike is first.
Mike ist Erster.

fish [fɪʃ] Fisch
Cats eat fish.
Katzen fressen
Fisch.

fish and chips [fɪʃ ən 'tʃɪps]
Fisch mit Pommes
Many English people
like fish and chips.
Viele Engländer mögen
gerne Fisch mit Pommes.

fish fingers [fɪʃ 'fɪŋgez]
Fischstäbchen
Kevin likes ketchup
on his fish fingers.
Kevin mag Ketchup
auf seinen Fischstäbchen.

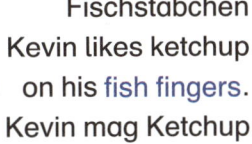

flat [flæt] Wohnung
Our flat has four rooms.
Unsere Wohnung
hat vier Zimmer.

flew [fluː] flog → fly
Last week many birds flew
south.
Letzte Woche flogen viele
Vögel in den Süden.

floor [flɔː] Fußboden
Don't throw your
clothes on the floor.
Wirf deine
Anziehsachen
nicht auf den
Fußboden.

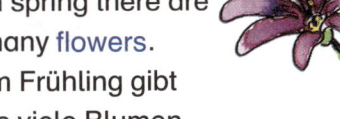

flower ['flaʊə] Blume
In spring there are
many flowers.
Im Frühling gibt
es viele Blumen.

flute [fluːt] Flöte
Do you play the flute?
– Yes, I do.
Spielst du Flöte? – Ja.

fly [flaɪ] fliegen
Birds can fly.
Vögel können fliegen.

fog [fɒg] Nebel
There is sometimes a lot of
fog in London.
Es gibt manchmal
viel Nebel in London.

foggy [ˈfɒgi] nebelig
It's often very foggy in London.
Es ist in London oft sehr
nebelig.

food [fuːd] Essen,
Nahrung, Futter
My favourite food is chicken.
Mein Lieblingsessen
ist Hühnchen.

foot [fʊt] Fuß
A foot has five toes.
Ein Fuß hat fünf Zehen.

football [ˈfʊtbɔːl] Fußball
Mark likes playing football.
Mark spielt gerne Fußball.

fork [fɔːk] Gabel
Can you eat with a knife
and fork?
Kannst du mit Messer
und Gabel essen?

found [faʊnd] fand, gefunden
→ find
Yesterday I found a little dog
near the road.
Gestern fand ich einen kleinen
Hund an der Straße.

France [frɑːnts] Frankreich
In France many
people like cheese.
In Frankreich mögen
viele Leute Käse.

French [frentʃ] französisch
Do you learn French
at school?
Lernt ihr in der Schule
Französisch?

Friday [ˈfraɪdeɪ] Freitag
→ Days of the Week S. 31

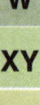

fridge [frɪdʒ] Kühlschrank
In America fridges are
very big.
In Amerika sind die
Kühlschränke sehr groß.

full [fʊl] voll
This bottle is full.
Diese Flasche ist voll.

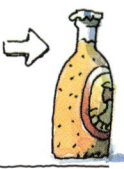

friend [frend] Freund
Papiti is my friend.
Papiti ist mein Freund.

funny [ˈfʌni] lustig
This clown does
funny things.
Dieser Clown macht
lustige Sachen.

frog [frɒg] Frosch
Are frogs green or brown?
Sind Frösche grün oder braun?

furniture [ˈfɜːnɪtʃə] Möbel
We bought new furniture
for my bedroom.
Wir haben neue
Möbel für mein
Schlafzimmer gekauft.

from [frɒm] von, aus
Where are you from?
– I'm from Germany.
Woher kommst du?
– Ich komme aus Deutschland.

from ... to [frɒm ... tʊ] von … nach
There's a bus from
London to Brighton.
Es gibt einen Bus von
London nach Brighton.

London

Fruits – Obst
raspberry – Himbeere
grapes – Weintrauben
pineapple – Ananas
pear – Birne
peach – Pfirsich
apple – Apfel
banana – Banane
melon – Melone
lemon – Zitrone
orange – Orange
cherry – Kirsche
strawberry – Erdbeere

fruit [fruːt] Obst
Fruit is good for you.
Obst ist gut für dich.

G

game [geɪm] Spiel
Chess is a nice game.
Schach ist ein
schönes Spiel.

garage [ˈgærɪdʒ] Garage
Joe's bike is in the garage.
Joes Fahrrad
ist in der Garage.

garden [ˈgɑːdən] Garten
My father likes
working in the garden.
Mein Vater arbeitet
gerne im Garten.

gave [geɪv] gab → give
I gave you the book yesterday.
Ich gab dir gestern das Buch.

geese [giːs] Gänse
→ goose
Nils Holgerson loved his geese.
Nils Holgerson liebte seine
Gänse.

German [ˈdʒeːmən] deutsch
This is the German flag.
Das ist die deutsche Flagge.

Germany [ˈdʒeːməni]
Deutschland
Berlin is in the
east of Germany.
Berlin liegt
im Osten von Deutschland.

get [get] bekommen, werden
In the evening Tom gets very
tired.
Abends wird Tom sehr müde.

get up [get ˈʌp] aufstehen
Every morning I
get up at 7 o'clock.
Ich stehe jeden
Morgen um
7 Uhr auf.

ghost [gəʊst] Gespenst
Are you afraid of ghosts?
Hast du Angst vor
Gespenstern?

giraffe [dʒɪˈrɑːf] Giraffe
Giraffes have long necks.
Giraffen haben
lange Hälse.

gloves [glʌvz] Handschuhe
In winter you have
to wear gloves.
Im Winter muss
man Handschuhe anziehen.

girl [gɜːl] Mädchen
The Rowleys have two
boys and one girl.
Die Rowleys haben
zwei Jungen und
ein Mädchen.

go [gəʊ]
gehen, fahren
Are you going
to town?
Gehst du in die Stadt?

girlfriend [ˈgɜːlfrend] Freundin
(eines Jungen)
"This is my girlfriend Sarah,"
Kevin says.
„Das ist meine
Freundin Sarah,"
sagt Kevin.

goat [gəʊt] Ziege
Goats can climb
up mountains.
Ziegen können
Berge hoch klettern.

give [gɪv] geben
Could you give me
your pencil, please?
Könntest du mir bitte deinen
Bleistift geben?

good [gʊd] gut
Hmm, this chocolate
is very good.
Hmm, diese Schokolade
schmeckt sehr gut.

glass [glɑːs] Glas
Sorry, but this glass is broken.
Tut mir leid, aber
dieses Glas ist kaputt.

goodbye [gʊdˈbaɪ]
auf Wiedersehen
The teacher says:
"School is over. Goodbye."
Der Lehrer sagt: „Die Schule
ist aus. Auf Wiedersehen."

good morning [gʊd 'mɔːnɪŋ]
guten Morgen
The teacher says: "Good
morning, children."
Die Lehrerin sagt:
„Guten Morgen, Kinder."

good night [gʊd 'naɪt]
gute Nacht
Say good night to daddy.
Sag Papa gute Nacht.

go on [gəʊ ɒn] weitermachen
Go on, Mark.
Mach weiter, Mark.

goose [guːs] Gans
Nils Holgerson's
friend was a
white goose.
Nils Holgersons
Freund war eine weiße Gans.

got [gɒt] bekam, bekommen
➔ get
I got a new bike for Christmas.
Ich habe zu Weihnachten ein
neues Fahrrad bekommen.

grandad, grandpa
['grændæd, 'grændpaː] Opa
This is my grandad.
Das ist mein Opa.

grandfather ['grændfaːðə]
Großvater
My grandfather has grey hair.
Mein Großvater hat graue
Haare.

grandma ['grændmaː] Oma
This is my grandma.
Das ist meine Oma.

grandmother ['grændmʌðə]
Großmutter
My grandmother makes
great biscuits.
Meine Großmutter macht
tolle Kekse.

grass [graːs] Gras
Grass is green.
Gras ist grün.

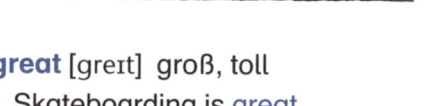

great [greɪt] groß, toll
Skateboarding is great.
Skateboardfahren ist toll.

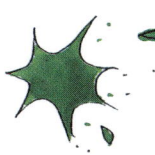

green [griːn] grün
In spring the
leaves are green.
Im Frühling sind die
Blätter grün.

guest [gest] Gast
There were many guests at
my birthday party.
Auf meiner Geburtstagsfeier
waren viele Gäste.

grey [greɪ] grau
Why does grandma
have grey hair?
Warum hat Oma
graues Haar?

guinea pig [ˈgɪni pɪg]
Meerschweinchen
My little brother has
a guinea pig.
Mein kleiner Bruder hat
ein Meerschweinchen.

guitar [gɪˈtaː] Gitarre
Fiona can play the guitar.
Fiona kann Gitarre spielen.

Guy Fawkes Day

"Remember, remember the fifth of November" (= Denk an den
5. November) lernen in Großbritannien schon die Kinder, denn an
diesem Tag wird der Guy Fawkes Day mit Feuerwerken gefeiert.
Ein Mann namens Guy Fawkes versuchte im Jahr 1605, König
Jakob I. zu ermorden. Er hatte eine Bombe unter das
Parlamentsgebäude in London gelegt. Doch die Wachen des
Königs fanden die Bombe und auch Guy Fawkes. Er wurde
in den Tower von London gesperrt und dort geköpft. In Erinne-
rung an dieses Ereignis werden überall in Großbritannien
Strohpuppen angezündet, die Guy Fawkes darstellen sollen.

H

had [hæd] hatte, gehabt
→ have

My grandad had a farm.
Mein Opa hatte einen
Bauernhof.

hair [heə] Haar
Anne has
red hair.
Anne hat
rotes Haar.

half [hɑːf] halb, Hälfte
I'd like half an apple.
Ich hätte gerne
einen halben Apfel.

half past [hɑːf pɑːst] halb
(bei Uhrzeiten)
What time is it?
– It's half past three.
Wie spät ist es?
– Es ist halb vier.

ham [hæm] Schinken
Doris wants a sandwich
with ham.
Doris möchte ein
Butterbrot mit Schinken.

Halloween

Am 31. Oktober feiert man
in den USA, Großbritannien
und zunehmend auch in
Deutschland Halloween.
In dieser Nacht werden die
Geister und Hexen freige-
lassen. Natürlich sind das
nur als Hexen verkleidete
Menschen, die sich z.B. auf
Halloween-Partys treffen.
Viele Leute schnitzen
Fratzengesichter in große
Kürbisse und stellen sie in die
Fenster oder vor die Türen.
Die Kinder ziehen von Haus
zu Haus und sammeln Süßig-
keiten mit dem Spruch "Trick
or treat?" (= Süßes oder
büß es).

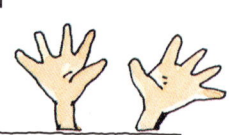

hand [hænd] Hand
Hands up!
Hände hoch!

happy ['hæpi] glücklich
Look, Anne is so happy with her
Christmas present.
Schau, Anne ist so
glücklich über ihr
Weihnachtsgeschenk.

hard [hɑːd] schwierig
It's hard to build sandcastles
with dry sand.
Es ist schwierig, mit trockenem
Sand Sandburgen zu bauen.

has [hæz] hat
→ have
My brother has red hair.
Mein Bruder hat rotes Haar.

hat [hæt] Hut, Mütze
This hat is too
big for me.
Dieser Hut ist für
mich zu groß.

hate [heɪt] hassen, nicht mögen
Claire hates getting up in the
morning.
Claire hasst es, morgens
aufzustehen.

have [hæv] haben
Have you got any brothers
and sisters?
Hast du Geschwister?

have to [həv tʊ] müssen
All children have to go to
school.
Alle Kinder müssen zur
Schule gehen.

hay [hei] Heu
In winter cows eat hay.
Im Winter fressen
die Kühe Heu.

he [hiː] er
This is Tim. He is my little
brother.
Das ist Tim. Er ist mein
kleiner Bruder.

head [hed] Kopf
The ball hit me
on the head.
Der Ball traf
mich am Kopf.

95

heavy ['hevi] schwer
The bag is too
heavy for you.
Die Tasche ist
zu schwer für dich.

hello! [he'ləʊ] hallo!
Hello, Mike.
How are you?
Hallo, Mike.
Wie geht's dir?

HELLO!

help [help] helfen
Can you help me with my
homework, please?
Kannst du mir bitte bei den
Hausaufgaben helfen?

hen [hen] Henne
Our hen has ten
yellow chicks.
Unsere Henne hat
zehn gelbe Küken.

her [hə] ihr
This is Jane. And that is her dog
Timmy.
Das ist Jane. Und das da ist ihr
Hund Timmy.

here [hɪə] hier(her)
Timmy, come here!
Timmy, komm hierher!

hide-and-seek [haɪd ən 'siːk]
Verstecken
Let's play hide-and-seek.
Lasst uns
Verstecken
spielen.

high [haɪ] hoch
Papiti likes climbing
high trees.
Papiti klettert gerne auf
hohe Bäume.

hippo ['hɪpəʊ] Nilpferd
Hippos are
very fat.
Flusspferde sind
sehr dick.

his [hɪz] sein
This is my daddy. His name
is Tom.
Das ist mein Vater. Sein Name
ist Tom.

hit [hɪt] schlagen, treffen, stoßen
The ball hit me on
the head.
Der Ball traf

home [həʊm] Haus
Kevin is alone at
home.
Kevin ist allein
zu Hause.

Hobbies – Hobbys

My hobbies are … – Meine Hobbys sind …

music – Musik

playing the piano – Klavier spielen

collecting stamps – Briefmarken sammeln

reading – Lesen

skateboarding – Skateboard fahren

inline-skating – Inlineskates fahren

riding – Reiten

→ Sports S. 81

---

mich am Kopf.

hole [həʊl] Loch
There's a hole in
your socks.
Da ist ein Loch
in deinen Socken.

homework [ˈhəʊmwɜːk]
Hausaufgaben
Have you already done
your homework?
Hast du deine
Hausaufgaben
schon gemacht?

holiday [ˈhɒlɪdeɪ] Urlaub
In summer many
people go on holiday.
Im Sommer fahren
viele Leute in Urlaub.

honey [ˈhʌni] Honig
I like honey on my toast.
Ich mag gerne
Honig auf
meinem Toast.

horse [hɔːs] Pferd
Can you draw
a horse?
Kannst du ein
Pferd malen?

hot [hɒt] heiß, scharf
This food is too hot.
Dieses Essen ist
zu heiß.

hour [ˈaʊə] Stunde
My train goes in
two hours.
Mein Zug fährt in
zwei Stunden.

house [haʊs] Haus
Our house has green
doors.
Unser Haus hat
grüne Türen.

hovercraft [ˈhɒvəkraːft]
Luftkissenboot
We'll go by
hovercraft
to England.
Wir fahren mit dem
Luftkissenboot nach England.

how [haʊ] wie
How is the weather today?
Wie ist das Wetter heute?

How are you? [haʊ ˈaː ju]
Wie geht es dir/Ihnen?
Hello Linda! How are you?
Hallo Linda! Wie geht's dir?

how many [ˈhaʊ meni]
wie viele
How many brothers and sisters
have you got?
Wie viele Geschwister
hast du?

how much [ˈhaʊ mʌtʃ]
wie viel
I'll take this T-shirt.
How much is it?
Ich nehme dieses T-Shirt.
Wie viel kostet es?

hurt [hɜːt] weh tun
My arm hurts.
Mein Arm
tut weh.

I

I [aɪ] ich
I like fish and chips.
Ich mag gerne Fisch
mit Pommes.

I am, I'm [aɪ æm, aɪm] ich bin
I'm very tired.
Ich bin sehr müde.

ice [aɪs] Eis
In winter water can turn to ice.
Im Winter kann Wasser
zu Eis werden.

ice cream [aɪs ˈkriːm] Eis(creme)
Dan likes ice cream
with ketchup.
Dan mag Eis mit Ketchup.

ice skates [ˈaɪs skeɪts]
Schlittschuhe
Where are my ice skates?
Wo sind meine
Schlittschuhe?

ill [ɪl] krank
Frank is ill today.
Frank ist heute krank.

in [ɪn] in
The cat is sitting
in the box.
Die Katze sitzt in
der Kiste.

in front of [ɪn ˈfrʌnt əv] vor
There's a big tree
in front of our house.
Vor unserem Haus
steht ein großer Baum.

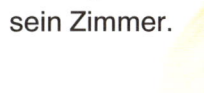

into [ˈɪntu] in … (hinein)
Peter is going into his room.
Peter geht in
sein Zimmer.

invite [ɪnˈvaɪt] einladen
I invited six friends to my
birthday party.
Ich habe sechs Freunde
zu meiner Geburtstags-
feier eingeladen.

is [ɪz] ist
→ be
It is one o'clock.
Es ist ein Uhr.

A B C D E F G H I J K L M N O P Q R S T U V W XY Z

it [ɪt] er, sie, es
This is Joe's bike. It is red.
Das ist Joes Fahrrad. Es ist rot.

Italian [ɪ'tælɪən] italienisch
This is the Italian flag.
Das ist die italienische
Flagge.

Italy ['ɪtəli] Italien
We go on
holiday to Italy.
Wir fahren
nach Italien in Urlaub.

its [ɪts] sein
Look at that shop. Its door
is open.
Schau dir das Geschäft an.
Seine Tür ist offen.

jam [dʒæm] Marmelade
Pass the jam, please.
Reich mir bitte die Marmelade.

January ['dʒænjuəri] Januar
In January it's cold.
Im Januar ist es kalt.

jigsaw ['dʒɪgsɔː] Puzzle
This jigsaw has too
many pieces.
Dieses Puzzle hat
zu viele Teile.

Jobs – Berufe
I want to become a ... . –
Ich möchte … werden.
reporter – Reporter(in)

postman – Postbote
teacher – Lehrer(in)
doctor – Arzt, Ärztin
pilot – Pilot(in)
secretary –
Sekretär(in)
nurse – Krankenschwester
shop assistant – Verkäufer(in)

juice [dʒuːs] Saft
Would you like a glass
of juice?
Möchtest du ein
Glas Saft?

July [dʒʊˈlaɪ] Juli
In July many people go on holiday.
Im Juli fahren viele Leute in Urlaub.

---

jump [dʒʌmp] springen
How far can you jump?
Wie weit kannst du springen?

June [dʒuːn] Juni
On 21 June summer begins.
Am 21. Juni beginnt der Sommer.

---

king [kɪŋ] König
A king lives in a castle.
Ein König wohnt in einer Burg.

---

kitchen [ˈkɪtʃən] Küche
We always have breakfast in the kitchen.
Wir frühstücken immer in der Küche.

kite [kaɪt] Drachen
In October many children fly their kites.
Im Oktober lassen viele Kinder ihre Drachen steigen.

---

knee [niː] Knie
Anne fell on her knee and cried.
Anne fiel auf ihr Knie und weinte.

---

knew [njuː] wusste, kannte
→ know
Thomas knew the English word for "Burg".
Thomas kannte das englische Wort für „Burg".

---

knife [naɪf] Messer
Can you eat with a knife and fork?
Kannst du mit Messer und Gabel essen?

---

know [nəʊ] wissen, kennen
Do you know where London is?
Weißt du, wo London ist?

L

lake [leɪk] See
There are many
boats on the lake.
Da sind viele
Boote auf dem See.

lamb [læm] Lamm
In May many
sheep have their
lambs.
Im Mai bekommen
viele Schafe ihre Lämmchen.

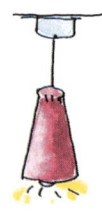

lamp [læmp] Lampe
We have a pink lamp
in our kitchen.
Wir haben eine rosa
Lampe in unserer Küche.

last [lɑːst] letzte
Last summer we went to
France.
Letzten Sommer sind wir
nach Frankreich gefahren.

laugh [lɑːf] lachen
Helen often laughs.
Helen lacht oft.

learn [lɜːn] lernen
In our last lesson we
learned the English numbers.
In der letzten Stunde haben wir
die englischen Zahlen gelernt.

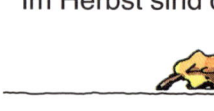

leaves [liːvz] Blätter
In autumn the leaves are red.
Im Herbst sind die Blätter rot.

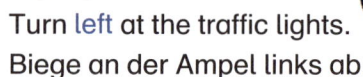

left [left] links
Turn left at the traffic lights.
Biege an der Ampel links ab.

leg [leg] Bein
My leg hurts.
Mein Bein tut
weh.

lemon ['lemən] Zitrone
Lemons are sour.
Zitronen sind sauer.

lesson ['lesən] Schulstunde
The first lesson
begins at 8 o'clock.
Die erste Stunde
beginnt um 8 Uhr.

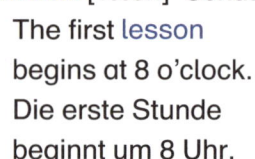

let's [lets] lass(t) uns
Let's play football,
Mike.
Lass uns Fußball
spielen, Mike.

lips [lɪps] Lippen
Sam gets blue lips
in cold water.
Sam bekommt im kalten
Wasser blaue Lippen.

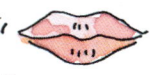

letter ['letə] Brief
Tom got a letter
from America.
Tom hat einen Brief aus
Amerika bekommen.

listen ['lɪsən] zuhören
Could you all listen,
please?
Könntet ihr bitte
alle zuhören?

letter ['letə] Buchstabe
How many letters
are in your name?
Wie viele Buchstaben
hat dein Name?

little ['lɪtl] klein
This is my little brother Tim.
Das ist mein kleiner
Bruder Tim.

like [laɪk]
mögen
Lisa likes horses.
Lisa mag Pferde.

live [lɪv] leben, wohnen
I live in Germany.
Ich wohne in Deutschland.

living room ['lɪvɪŋ rʊm]
Wohnzimmer
Our living room has
two windows.
Unser Wohn-
zimmer
hat zwei Fenster.

lion ['laɪən] Löwe
The lion is the king
of the animals.
Der Löwe ist der
König der Tiere.

long [lɒŋ] lang
Can you please give
me that long sock?
Kannst du mir bitte die
lange Socke da geben?

low [ləʊ] niedrig
This door is too
low for my father.
Diese Tür ist für
meinen Vater zu niedrig.

look [lʊk] aussehen, gucken
My mother sometimes
looks tired.
Meine Mutter sieht
manchmal müde aus.

lunch [lʌntʃ] Mittagessen
Some English people eat
sandwiches for lunch.
Einige Engländer essen
Butterbrote zum
Mittagessen.

look for ['lʊk fɔː] suchen
I'm looking for
my watch.
Ich suche
meine Uhr.

M

made [meɪd] machte, gemacht
→ make
Yesterday my mother made a
cake.
Gestern hat meine Mutter einen
Kuchen gemacht.

lorry ['lɒri] LKW,
Lastwagen (Brit.)
Lorries are
sometimes very slow.
Lastwagen sind manchmal
sehr langsam.

make [meɪk] machen
My mother makes nice cakes.
Mein Mutter macht schöne
Kuchen.

love [lʌv] lieben, mögen
Lisa loves horses.
Lisa liebt Pferde.

man [mæn] Mann
That man ist my father.
Der Mann da ist
mein Vater.

many ['meni] viele
  Many English people like tea.
  Viele Engländer mögen Tee.

March [mɑːtʃ] März
  In March spring begins.
  Im März beginnt der Frühling.

---

market ['mɑːkɪt] Markt
  You can buy fruit on the market.
  Du kannst Obst auf dem Markt
  kaufen.

marketplace ['mɑːkɪtpleɪs]
  Marktplatz
  This week there's a
  circus on our
  marketplace.
  Diese Woche ist ein Zirkus
  auf unserem Marktplatz.

---

mask [mɑːsk] Taucherbrille
  With a mask you can see
  things under water.
  Mit einer Taucherbrille
  kannst du Dinge unter
  Wasser sehen.

may [meɪ] dürfen
  The teacher says: "You may go
  out now."
  Die Lehrerin sagt: „Ihr dürft jetzt
  rausgehen."

May [meɪ] Mai
  In May many sheep have their
  lambs.
  Im Mai bekommen viele Schafe
  ihre Lämmchen.

---

meat [miːt] Fleisch
  Some people don't like meat.
  Manche Leute mögen kein
  Fleisch.

---

men [men] Männer
→ **man**
  Many men like to watch
  football.
  Viele Männer gucken gerne
  Fußball.

---

mice [maɪs] Mäuse
→ **mouse**
  Tom is afraid
  of mice.
  Tom hat Angst vor Mäusen.

milk [mɪlk] Milch
Thomas is filling the
glass with milk.
Thomas füllt das
Glas mit Milch.

mineral water ['mɪnərəl wɔːtə]
Mineralwasser
Mineral water is a good
drink on hot days.
Mineralwasser ist ein gutes
Getränk an heißen Tagen.

minute ['mɪnɪt] Minute
An hour has 60 minutes.
Eine Stunde hat 60 Minuten.

mom [mɑːm] Mama (Am.)
Hi mom, this is Jane speaking.
Hi Mama, hier spricht Jane.

Monday ['mʌndeɪ] Montag
→ Days of the Week. S. 31

money ['mʌni] Geld
How much money do you get
from your parents?
Wie viel Geld bekommst
du von deinen Eltern?

monkey ['mʌŋki] Affe
Monkeys eat bananas.
Affen fressen
Bananen.

month [mʌnθ] Monat
A year has twelve months.
Ein Jahr hat zwölf
Monate.

moon [muːn] Mond
Can you see the
man in the moon?
Kannst du den Mann
im Mond sehen?

more [mɔː] mehr
I'd like more butter on my toast,
please.
Ich möchte bitte mehr Butter auf
meinem Toast.

morning ['mɔːnɪŋ] Morgen
In the morning my father
goes to work.
Morgens geht mein
Vater zur Arbeit.

mother [ˈmʌðə] Mutter
My mother has blue eyes.
Meine Mutter hat
blaue Augen.

motorbike [ˈməʊtəbaɪk]
Motorrad
My cousin has already
got a motorbike.
Mein Cousin hat
schon ein
Motorrad.

mountain [ˈmaʊntɪn] Berg
Jerry likes climbing
mountains.
Jerry liebt es, auf
Berge zu klettern.

mouse [maʊs] Maus
Help, there's a mouse in the
classroom!
Hilfe, da ist eine
Maus in der Klasse!

mouth [maʊθ] Mund
The doctor says:
"Open your mouth, please."
Der Arzt sagt: „Mach bitte
deinen Mund auf."

Mr [ˈmɪstə] Herr (Anrede)
Good morning, Mr Brown.
Guten Morgen, Herr Brown.

Mrs [ˈmɪsɪz] Frau (Anrede)
Goodbye, Mrs Wilson.
Auf Wiedersehen, Frau Wilson.

much [mʌtʃ] viel
How much money do you get
from your parents?
Wie viel Geld bekommst
du von deinen Eltern?

mum [mʌm] Mama (Brit.)
Hello mum, this
is Jane speaking.
Hallo Mama,
hier spricht Jane.

must [mʌst] müssen
I must go now. Bye-bye.
Ich muss jetzt gehen. Tschüs!

my [maɪ] mein
This is my dog
Timmy.
Das ist mein Hund
Timmy.

N

name [neɪm] Name
What's your name?
– My name is Peter.
Wie heißt du?
– Mein Name ist Peter.

near [nɪə] in der Nähe (von)
We live near the supermarket.
Wir wohnen in der Nähe des
Supermarkts.

neck [nek] Hals
Giraffes have long
necks.
Giraffen haben
lange Hälse.

new [njuː] neu
This is our new car.
Das ist unser
neues Auto.

newspaper ['njuːspeɪpə]
Zeitung
My father reads his
newspaper every day.
Mein Vater liest
jeden Tag die Zeitung.

next [nekst] nächste
Who is next?
Wer ist der
Nächste?

next (to) ['nekst tu] neben
Who is sitting next to you?
Wer sitzt neben dir?

nice [naɪs] schön, nett
Have a nice day.
Einen schönen Tag noch.

night [naɪt] Nacht
The night is dark.
Die Nacht ist
dunkel.

no [nəʊ] kein
There is no chalk in the
classroom.
Es gibt keine Kreide in der
Klasse.

no [nəʊ] nein
Are you John?
– No, I'm Peter.
Bist du John?
– Nein, ich bin Peter.

noisy [ˈnɔɪzi] laut
Don't be so noisy, children!
Seid nicht so
laut, Kinder!

November [nəʊˈvembə]
November
November can be very foggy.
Im November kann es sehr
neblig sein.

north [nɔːθ] Norden
Hamburg is a city
in the north of Germany.
Hamburg ist eine Stadt
im Norden von Deutschland.

now [naʊ] jetzt, nun
I must go now.
Ich muss
jetzt gehen.

nose [nəʊz] Nase
Rudi has a red nose.
Rudi hat eine rote Nase.

number [ˈnʌmbə] Zahl, Nummer
Do you know the numbers from
one to ten in English?
Kennst du die Zahlen von eins
bis zehn auf Englisch?

not [nɒt] nicht
Peter did not do his homework.
Peter hat seine Hausaufgaben
nicht gemacht.

Numbers – Zahlen

1 – one	9 – nine	21 – twenty-one
2 – two	10 – ten	30 – thirty
3 – three	11 – eleven	40 – forty
4 – four	12 – twelve	50 – fifty
5 – five	13 – thirteen	60 – sixty
6 – six	14 – fourteen	70 – seventy
7 – seven	15 – fifteen	80 – eighty
8 – eight	20 – twenty	90 – ninety
		100 – one hundred

O

o'clock [əˈklɒk] Uhr
(nur bei Uhrzeiten)
What time is it?
– It's one o'clock.
Wie spät ist es?
– Es ist ein Uhr.

October [ɒkˈtəʊbə] Oktober
October is sometimes
good for flying kites.
Der Oktober ist manchmal
eine gute Zeit, um Drachen
steigen zu lassen.

of [əv] von
The doors of the house are
green.
Die Türen von dem Haus sind
grün.

off [ɒf] von … runter
Anne likes jumping off that tree.
Anne springt gern von dem
Baum dort runter.

office [ˈɒfɪs] Büro
My mother works in an office.
Meine Mutter arbeitet
in einem Büro.

often [ˈɒfən] oft
It's often very foggy in London.
Es ist oft sehr neblig in London.

old [əʊld] alt
There's an old man
on the road.
Da ist ein alter Mann
auf der Straße.

on [ɒn] auf
The cat is sitting on
the fence.
Die Katze sitzt
auf dem Zaun.

open [ˈəʊpən] auf, geöffnet
The castle is open today.
Die Burg ist
heute
geöffnet.

open [ˈəʊpən] öffnen
Could you please open the
window?
Könntest du bitte
das Fenster öffnen?

opposite ['ɒpəzɪt] gegenüber
Opposite our school
there is a big tree.
Gegenüber von unserer
Schule ist ein
großer
Baum.

outside [aʊt'saɪd]
draußen
In winter it's cold outside.
Im Winter ist es draußen kalt.

over ['əʊvə] aus, vorbei
School is over
at half past three.
Die Schule ist um
halb vier aus.

or [ɔː] oder
Would you like an
apple or
a banana?
Möchtest du einen
Apfel oder eine Banane?

P

packet ['pækɪt] Paket, Päckchen
I'd like a packet of chewing gum.
Ich hätte gern ein
Päckchen
Kaugummi.

orange ['ɒrɪndʒ]
Apfelsine, Orange
I'd like four oranges, please.
Ich hätte gern vier Orangen.

paint [peɪnt] malen, bemalen
Papiti is painting
a picture.
Papiti malt ein Bild.

our ['aʊə] unser
This is our house.
Das ist unser Haus.

paintbox ['peɪntbɒks] Malkasten
How many colours
are in your paintbox?
Wie viele Farben
sind in deinem
Malkasten?

out [aʊt] aus
Papiti is climbing
out of the box.
Papiti klettert aus
der Schachtel.

paintbrush ['peɪntbrʌʃ] Pinsel
I have a thin paintbrush.
Ich habe einen dünnen
Pinsel.

pants [pænts] Hose (Am.)
These are not my pants!
They are daddy's!
Das ist nicht meine
Hose! Sie
gehört Papa!

paper ['peɪpə] Papier
Please pick up that piece
of paper from the floor.
Bitte heb das Stück
Papier dort vom Boden auf.

parents ['peərənts] Eltern
These are my parents.
Das sind meine
Eltern.

part [pɑːt] Teil
We have to put the
parts together.
Wir müssen die Teile
zusammensetzen.

pass [pɑːs] reichen
Could you pass the bread,
please?
Kannst du mir bitte das Brot
reichen?

pavement ['peɪvmənt]
Gehweg (Brit.)
Walk on the pavement, Tim!
Geh auf dem Gehweg, Tim!

pay [peɪ] bezahlen
In England you have to pay
in pounds and pence.
In England muss man
mit Pfund und
Pence bezahlen.

pea [piː] Erbse
I like peas and carrots.
Ich mag gerne
Erbsen und Karotten.

peach [piːtʃ] Pfirsich
Tom is eating a peach.
Tom isst einen Pfirsich.

pear [peə] Birne
These pears are very sweet.
Diese Birnen sind sehr süß.

pen [pen] Stift, Füller
Can you give me your pen?
Kannst du mir deinen
Stift geben?

pence [pents] Pence, p
These tomatoes are 90 pence.
Diese Tomaten kosten
90 Pence.

pencil ['pensəl] Bleistift
Where's my pencil?
– It's in your pencil-case.
Wo ist mein Bleistift?
– In deinem Mäppchen.

pencil-case ['pensəl keɪs]
Mäppchen
Please put all your pens
into your pencil-case.
Tu bitte all deine Stifte
in dein Mäppchen.

penguin ['peŋgwɪn] Pinguin
Penguins live on the ice.
Pinguine leben
auf dem Eis.

people ['piːpl] Leute
Many people visited the circus.
Viele Leute haben
den Zirkus besucht.

pet [pet] Haustier
Have you got any pets?
Hast du irgendwelche
Haustiere?

Pets – Haustiere
dog – Hund
cat – Katze
fish – Fische
canary – Kanarienvogel
guinea-pig –
　　　　　Meerschweinchen
rabbit – Kaninchen
rat – Ratte
hamster – Hamster
budgie – Wellensittich

A
B
C
D
E
F
G
H
I
J
K
L
M
N
O
P
Q
R
S
T
U
V
W
XY
Z

phone [fəʊn] Telefon
Who's on the phone?
Wer ist am Telefon?

picture ['pɪktʃə] Bild
Can you draw me a picture?
Kannst du mir ein
Bild malen?

phone number [fəʊn 'nʌmbə]
Telefonnummer
What's your phone number?
Was ist deine Telefonnummer?

TEL: 2357780

piece [piːs] Stück
I'd like two pieces of
cake, please.
Ich möchte bitte
zwei Stücke Kuchen.

piano [pɪ'ænəʊ] Klavier
I can play the piano.
Ich kann Klavier
spielen.

pig [pɪg] Schwein
This pig is very dirty.
Dieses Schwein ist
sehr schmutzig.

pick [pɪk] pflücken
In autumn we pick the apples
from the trees.
Im Herbst pflücken
wir die Äpfel von den
Bäumen.

pink [pɪŋk] rosa
We have a pink lamp
in our kitchen.
Wir haben eine rosa Lampe
in der Küche.

plane [pleɪn] Flugzeug
This year we go by
plane to America.
Dieses Jahr fliegen wir
mit dem
Flugzeug
nach
Amerika.

pick up [pɪk ʌp] aufheben
Please pick up that
paper from the floor.
Bitte heb das Papier
vom Boden auf.

plant [plɑːnt] Pflanze
I have many plants
in my room.
Ich habe viele Pflanzen
in meinem Zimmer.

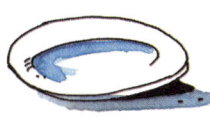

plough [plaʊ] Pflug
Look, there's a tractor
with a plough.
Guck mal, da ist
ein Traktor mit Pflug.

plate [pleɪt] Teller
This plate is too
small for my pizza.
Dieser Teller ist zu
klein für meine Pizza.

p.m. [piː 'em] nachmittags
(bei Uhrzeiten)
My train goes at 3 p.m.
Mein Zug fährt um
3 Uhr nachmittags.

play [pleɪ] spielen
Let's play hide-and-seek.
Lasst uns
Verstecken
spielen.

policeman [pəˈliːsmən]
Polizist
There's a policeman
on the crossroads.
Da ist ein Polizist
auf der Kreuzung.

playground [ˈpleɪɡraʊnd]
Spielplatz, Schulhof
Let's play in the
playground.
Lasst uns auf dem
Spielplatz spielen.

poor [pʊə] arm
Poor Papiti! His tummy hurts.
Armer Papiti! Sein Bauch
tut weh.

please [pliːz] bitte
Could you pass the butter,
please?
Könntest du mir bitte die
Butter reichen?

port [pɔːt] Hafen
Hamburg has a
big port.
Hamburg hat
einen großen Hafen.

postman [ˈpəʊstmən]
Postbote, Briefträger
My dog doesn't like
the postman.
Mein Hund mag
den Briefträger
nicht.

potato [pəˈteɪtəʊ] Kartoffel
20 pounds of
potatoes, please.
20 Pfund
Kartoffeln bitte.

pound [paʊnd] Pfund, £
(englisches Geld)
In England you pay
with pounds
and pence.
In England zahlt man
mit Pfund und Pence.

pound [paʊnd] Pfund (Gewicht)
I'd like a pound of tomatoes,
please.
Ich hätte gern
ein Pfund
Tomaten.

present [ˈprezənt] Geschenk
Did you get nice presents
for your birthday?
Hast du schöne
Geschenke zum
Geburtstag bekommen?

proud [praʊd] stolz
I'm very proud of you.
Ich bin sehr stolz auf dich.

pull [pʊl] ziehen
Pull here to open the
window.
Zieh hier, um das
Fenster zu öffnen.

pumpkin [ˈpʌmpkɪn] Kürbis
Mom has bought a
pumpkin for Halloween.
Mama hat einen Kürbis
für Halloween gekauft.

pupil [ˈpjuːpəl] Schüler(in)
We have 300 pupils
at our school.
Wir haben 300 Schüler
an unserer Schule.

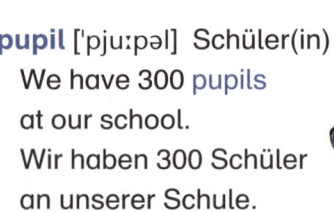

purple ['pɜːpl] purpurrot, violett
Kings wear purple coats.
Könige tragen
purpurrote Mäntel.

purse [pɜːs] Portmonee
Take your purse when
you go into town.
Nimm dein
Portmonee mit,
wenn du in die Stadt gehst.

push [pʊʃ] schieben
Don't push when
you go into your classroom.
Schiebt nicht,
wenn ihr in die
Klasse geht.

put [pʊt] legen, stellen
Please put the book
into the bookcase.
Stell das Buch bitte ins Regal.

put on ['pʊt ɒn] anziehen
Ben is putting his
new jeans on.
Ben zieht seine
neue Jeans an.

pyjamas [pɪˈdʒaːməz]
Schlafanzug
Put on your pyjamas
when you go to bed.
Zieh deinen
Schlafanzug an,
wenn du ins Bett gehst.

 Q

quarter ['kwɔːtə] Viertel
It's a quarter to eight.
Es ist viertel
vor acht.

queen [kwiːn] Königin
England has a queen.
England hat eine
Königin.

question ['kwestʃən] Frage
Who can answer this question?
Wer kann diese Frage
beantworten?

quiet ['kwaɪet] ruhig, leise
"Be quiet, please,"
the teacher says.
„Seid bitte leise,"
sagt die Lehrerin.

R

rabbit ['ræbɪt] Kaninchen
Rabbits eat carrots.
Kaninchen fressen
Karotten.

radio ['reɪdiəʊ] Radio
What's on the radio tonight?
Was kommt heute Abend
im Radio?

rain [reɪn] Regen
Doris went out in the
rain without a coat.
Doris ging ohne Mantel
hinaus in den Regen.

rain [reɪn] regnen
It's raining.
Es regnet.

raincoat ['reɪnkəʊt]
Regenmantel, Regenjacke
Take your raincoat,
Jane. It's raining.
Nimm deine
Regenjacke,
Jane. Es regnet.

rainy ['reɪni] regnerisch
It looks rainy outside.
Es sieht draußen
regnerisch aus.

ran [ræn] rannte
→ run
Anne ran so fast that she fell
on her knees.
Anne rannte so schnell, dass
sie auf die Knie fiel.

rat [ræt] Ratte
My mother doesn't like my rat.
Meine Mutter mag
meine Ratte
nicht.

read [riːd] lesen
Can you already read
and write?
Kannst du schon
lesen und
schreiben?

red [red] rot
Roses are red.
Rosen sind rot.

repeat [rɪ'piːt] wiederholen
Could you please repeat the question?
Könnten Sie bitte die Frage wiederholen?

rice [raɪs] Reis
Do you like rice with your fish fingers?
Magst du Reis zu deinen Fischstäbchen?

ride [raɪd] reiten, fahren
Ben is riding his bike.
Ben fährt Fahrrad.

right [raɪt] rechts
Turn right at the traffic lights.
Bieg an der Ampel rechts ab.

right [raɪt] richtig
What is right and what is wrong?
Was ist richtig und was ist falsch?

road [rəʊd] Straße (auf dem Lande)
There's an old man on the road.
Da ist ein alter Mann auf der Straße.

rode [rəʊd] ritt, fuhr
→ ride
Ben rode his new bike.
Ben fuhr mit seinem neuen Fahrrad.

roll [rəʊl] Brötchen, Semmel
Every morning we buy rolls for our breakfast.
Jeden Morgen kaufen wir Brötchen zum Frühstück.

roller-skate ['rəʊlə skeɪt] Rollschuh laufen
Let's roller-skate in the park.
Lasst uns im Park Rollschuh laufen.

roof [ruːf] Dach
There's a house with a
red roof in our street.
In unserer Straße
gibt es ein Haus mit
einem roten Dach.

rubber ['rʌbə] Radiergummi
Don't write on your rubber.
Schreib nicht auf
dein Radiergummi.

ruler ['ruːlə] Lineal
Can you give me
your ruler, please?
Kannst du mir bitte dein
Lineal geben?

room [ruːm] Zimmer
This is my room.
Das ist mein
Zimmer.

run [rʌn] rennen
Anne runs very fast.
Anne rennt sehr
schnell.

rose [rəʊz] Rose
Roses are red.
Rosen sind rot.

round [raʊnd] rund
Mike has a
round face.
Mike hat ein
rundes Gesicht.

S

sad [sæd] traurig
Anne is sad because
she can't find her teddy.
Anne ist traurig, weil
sie ihren Teddy
nicht finden kann.

roundabout ['raʊndəbaʊt]
Kreisverkehr
In England there are
many roundabouts.
In England gibt
es viel
Kreisverkehr.

said [sæd] sagte, gesagt
→ say
My mother said:
"Don't run too fast!"
Meine Mutter sagte:
„Renn nicht zu schnell!"

salad [ˈsæləd] Salat
I like fish
with salad.
Ich mag Fisch mit Salat.

salt [sɔːlt] Salz
Is this salt or sugar?
Ist das Salz oder Zucker?

sand [sænd] Sand
Children like
playing in the sand.
Kinder spielen
gerne im Sand.

sandals [ˈsændəlz] Sandalen
We have to buy new
sandals for the summer.
Wir müssen neue
Sandalen für den
Sommer kaufen.

sandcastle [ˈsændkɑːsl]
Sandburg
Ben is building a sandcastle.
Ben baut eine Sandburg.

sandwich [ˈsændwɪdʒ]
Butterbrot, belegtes Brot
Peter likes ham in
his sandwich.
Peter mag gerne
Schinken auf seinem
Butterbrot.

sang [sæŋ] sang
→ sing
Yesterday Karen sang a nice
song.
Gestern sang Karen ein
schönes Lied.

sat [sæt] saß, gesessen
→ sit
The cat sat on the fence.
Die Katze saß auf dem Zaun.

Saturday [ˈsætədeɪ] Samstag
→ Days of the Week. S. 31.

sausage [ˈsɒsɪdʒ] Würstchen,
Wurst
Many children like
sausages with
ketchup.
Viele Kinder mögen
Würstchen mit Ketchup.

saw [sɔ:] sah
→ see
Yesterday I saw Fiona's dog at school.
Gestern sah ich Fionas Hund in der Schule.

schoolbag ['sku:lbæg] Schultasche
This schoolbag is too heavy for you.
Diese Schultasche ist zu schwer für dich.

say [seɪ] sagen
My mother always says: "Television is bad for your eyes."
Meine Mutter sagt immer: „Fernsehen ist schlecht für deine Augen."

scissors ['sɪzəz] Schere
Can you give me your scissors, please? I have to cut this paper.
Kannst du mir bitte deine Schere geben? Ich muss dieses Papier schneiden.

scarf [ska:f] Schal
Take your scarf, it's cold outside.
Nimm deinen Schal, es ist draußen kalt.

scooter ['sku:tə] Roller
My brother has a new scooter.
Mein Bruder hat einen neuen Roller.

sea [si:] Meer
In Spain the sea is very blue.
In Spanien ist das Meer sehr blau.

school [sku:l] Schule
Do you like going to school?
Gehst du gerne zur Schule?

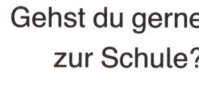

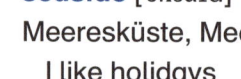

seaside ['si:saɪd] Meeresküste, Meer
I like holidays at the seaside.
Ich mag Urlaub am Meer.

season ['siːzən] Jahreszeit

Summer is my favourite season.
Der Sommer ist meine Lieblingsjahreszeit.

second ['sekənd] Sekunde

A minute has 60 seconds.
Eine Minute hat 60 Sekunden.

see [siː] sehen

Can you see me?
Kannst du mich sehen?

sell [sel] verkaufen

Do you sell sweets?
Verkaufen Sie Süßigkeiten?

send [send] schicken, senden

I will send you a birthday card.
Ich werde dir eine Geburtstagskarte schicken.

sentence ['sentənts] Satz

Can you please answer in a full sentence?
Kannst du bitte im ganzen Satz antworten?

September [sep'tembə] September

September is a good month for holidays.
September ist ein guter Urlaubsmonat.

she [ʃiː] sie

This is Kate. She is six years old.
Das ist Kate. Sie ist sechs Jahre alt.

sheep [ʃiːp] Schaf

There are three sheep on the farm.
Es gibt drei Schafe auf dem Bauernhof.

ship [ʃɪp] Schiff

There's a ship on the sea.
Da ist ein Schiff auf dem Meer.

123

A B C D E F G H I J K L M N O P Q R S T U V W XY Z

shirt [ʃɜːt] Hemd
Sam puts on
a clean shirt.
Sam zieht ein
sauberes Hemd an.

short [ʃɔːt] kurz
This sock is short.
Diese Socke ist
kurz.

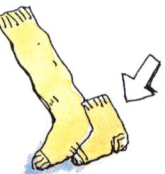

shoes [ʃuːz] Schuhe
Pippi Longstocking's
shoes are too big for her feet.
Pippi Langstrumpfs Schuhe
sind zu groß für ihre
Füße.

shorts [ʃɔːts] kurze Hose
Take your shorts
with you on your holiday.
Nimm deine kurze
Hose in den
Urlaub mit.

shop [ʃɒp] Geschäft, Laden
Let's go to the toy shop.
Lasst uns ins Spielwaren-
geschäft
gehen.

shout [ʃaʊt] rufen, schreien
Don't shout in
the classroom.
Schrei nicht in
der Klasse!

shopping centre [ˈʃɒpɪŋ sentə]
Einkaufszentrum
Our town will get a new
shopping centre.
Unsere Stadt bekommt ein
neues Einkaufszentrum.

show [ʃəʊ] zeigen
Show me your
homework, please.
Zeig mir bitte deine
Hausaufgaben.

shut [ʃʌt] schließen, zumachen
Shut the door,
please.
Mach bitte die
Tür zu.

shy [ʃaɪ] scheu, schüchtern
Our cat is very shy.
Unsere Katze ist
sehr scheu.

sick [sɪk] übel
I've eaten too many
sweets. Now I'm sick.
Ich habe zu viele
Bonbons gegessen.
Jetzt ist mir übel.

sidewalk ['saɪdwɔːk] Gehweg
(Am.)
Walk on the sidewalk, Ben!
Geh auf dem Gehweg, Ben!

sing [sɪŋ] singen, vorsingen
Can you sing
me a song?
Kannst du mir ein
Lied vorsingen?

sister ['sɪstə] Schwester
This is my little
sister Jane.
Das ist meine kleine
Schwester Jane.

sit [sɪt] sitzen
Do you want to sit on a
chair or on the sofa?
Möchtest du auf
dem Stuhl oder
auf dem Sofa
sitzen?

sit down [sɪt 'daʊn] hinsetzen
Sit down, children.
Setzt euch hin, Kinder.

ski [skiː] Ski fahren
The Wilsons like skiing
in winter.
Die Wilsons
fahren im Winter
gerne Ski.

skipping rope ['skɪpɪŋ rəʊp]
Springseil
This skipping rope
is too long for me.
Dieses Springseil ist
zu lang für mich.

skirt [skɜːt] Rock
Laura likes skirts.
Laura mag Röcke.

sky [skaɪ] Himmel
Look at the sky.
The clouds are dark.
Guck dir den
Himmel an.
Die Wolken sind
dunkel.

slow [sləʊ] langsam
Why are you so slow?
Warum bist du so langsam?

sleep [sliːp] schlafen
I'm tired. I want to
sleep.
Ich bin müde.
Ich will
schlafen.

small [smɔːl] klein
That hat is too small .
Der Hut ist zu klein.

smile [smaɪl] lächeln
Susan smiled at me.
Susan lächelte
mich an.

slice [slaɪs] Scheibe
Ben eats four slices of bread
for breakfast.
Ben isst vier Scheiben Brot
zum Frühstück.

snake [sneɪk] Schlange
My mother doesn't
like my snake.
Meine Mutter mag
meine Schlange nicht.

slide [slaɪd] Rutsche
There's a new slide in our
playground.
Es gibt eine
neue Rutsche
auf unserem Spielplatz.

snorkel ['snɔːkəl] Schnorchel
Take a mask and
snorkel to the beach.
Nimm Taucherbrille
und Schnorchel
mit zum Strand.

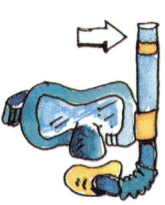

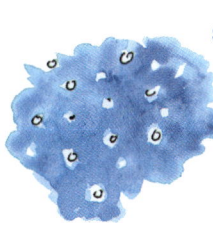

snow [snəʊ] schneien
Look outside,
it's snowing!
Guck mal nach
draußen, es schneit!

snow [snəʊ] Schnee
In winter we
get a lot of snow.
Im Winter gibt es
bei uns viel Schnee.

snowball ['snəʊbɔːl] Schneeball
Don´t throw that snowball at me!
Wirf den Schneeball
nicht auf mich!

snowman ['snəʊmæn]
Schneeman
The snowman
has a long nose.
Der Schneemann
hat eine
lange Nase.

so [səʊ] so
Why are you so slow?
Warum bist du so langsam?

sock [sɒk] Socke
There's a hole in my
sock.
Da ist ein Loch
in meiner Socke.

sofa ['səʊfə] Sofa
Don't jump on the sofa!
Spring nicht auf dem Sofa
herum!

soft [sɒft] weich
My bed is so soft!
Mein Bett ist
so weich!

sold [səʊld] verkaufte, verkauft
→ sell
Yesterday we sold our old car.
Gestern haben wir unser altes
Auto verkauft.

some [sʌm] einige
Some children are ill today.
Einige Kinder sind heute krank.

somebody ['sʌmbədi] jemand
There is somebody at the door.
Da ist jemand an der Tür.

---

something ['sʌmθɪŋ] etwas
There's something on the floor.
Da liegt etwas auf dem
Boden.

---

sometimes ['sʌmtaɪmz]
manchmal
My mother sometimes
looks tired.
Meine Mutter sieht manchmal
müde aus.

son [sʌn] Sohn
The Aldersons
have two sons.
Die Aldersons
haben zwei Söhne.

---

song [sɒŋ] Lied
Can you sing me a song?
Kannst du mir
ein Lied
vorsingen?

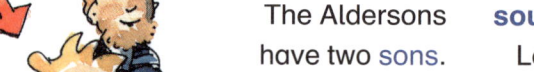

soon [suːn] bald
Come home soon, Kevin!
Komm bald nach Hause, Kevin!

---

sorry ['sɒri] Entschuldigung,
tut mir leid
Sorry, but this glass is broken.
Tut mir leid, aber dieses Glas
ist kaputt.

---

sour ['saʊə] sauer
I don't like this apple.
It's too sour.
Ich mag diesen
Apfel nicht.
Er ist zu sauer.

---

south [saʊθ] Süden
London is in the south
of England.
London ist im
Süden von
England.

---

spade [speɪd] Schaufel
Take your bucket
and spade to the beach.
Nimm Eimer und
Schaufel mit
zum Strand.

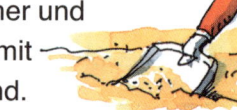

Spain [speɪn] Spanien
Spain is a nice
country for holidays.
Spanien ist ein
schönes Urlaubsland.

Spanish ['spænɪʃ]
spanisch
This is the Spanish flag.
Das ist die spanische Flagge.

speak [spiːk] sprechen
Do you speak
English?
Sprichst du
Englisch?

Hello

spoke [spəʊk] sprach
→ speak
My teacher spoke to my
parents.
Mein Lehrer sprach mit meinen
Eltern.

spoon [spuːn] Löffel
Can I have a spoon for
my ice cream, please?
Kann ich bitte einen
Löffel für
mein Eis haben?

sport [spɔːt] Sport
Helen likes
sport.
Helen mag
gerne Sport.

Sports – Sport(arten)
hockey – Hockey
ice hockey – Eishockey
ice-skating –
　　　　　Schlittschuh laufen
surfing – Surfen
skiing – Ski fahren
swimming – Schwimmen
sailing – Segeln

→ Hobbies S. 49,
Ball Games S. 13

spring [sprɪŋ] Frühling
Spring begins
in March.
Der Frühling
beginnt im
März.

A
B
C
D
E
F
G
H
I
J
K
L
M
N
O
P
Q
R
S
T
U
V
W
XY
Z

st

stairs [steəz] Treppe
Don't run down the
stairs so fast.
Renn die Treppe nicht
so schnell
herunter.

stop [stɒp] anhalten,
aufhören
The train stopped
at the station.
Der Zug hielt am Bahnhof an.

stand [stænd] stehen
John is standing on
his chair.
John steht auf
seinem Stuhl.

story ['stɔːri] Geschichte
My grandfather likes
to tell us stories.
Mein Großvater erzählt
uns gerne Geschichten.

stand up [stænd 'ʌp] aufstehen
Stand up, children!
We are going outside.
Steht auf, Kinder!
Wir gehen nach
draußen.

Story – Geschichte

princess – Prinzessin
king – König
knight – Ritter
monster – Monster
broomstick – Besenstiel
witch – Hexe
wizard – Zauberer
once upon a time –
es war einmal
fairy – Fee
fairy tale – Märchen
dragon – Drachen

star [staː] Stern
You can see the stars at night.
Du kannst nachts die
Sterne sehen.

station ['steɪʃən] Bahnhof
Can you tell me the way to the
station?
Kannst du mir den Weg zum
Bahnhof erklären?

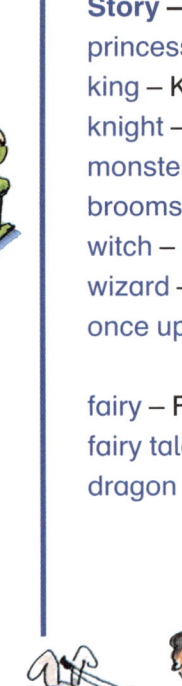

straight [streɪt] geradeaus
Go straight and then turn left.
Gehen Sie geradeaus
und biegen Sie dann nach
links ab.

suitcase ['suːtkeɪs] Koffer
Put your book into
the suitcase.
Leg dein Buch
in den Koffer.

strawberry ['strɔːbəri] Erdbeere
Mary likes ice cream
with strawberries.
Mary mag gerne
Eis mit Erdbeeren.

summer ['sʌmə] Sommer
Summer is my
favourite season.
Der Sommer
ist meine
Lieblingsjahreszeit.

street [striːt] Straße
(in der Stadt)
There's an old
man on the street.
Da ist ein alter
Mann auf der Straße.

sun [sʌn] Sonne
The sun is very
hot today.
Die Sonne ist
heute sehr heiß.

strong [strɒŋ] stark
Pippi Longstocking
is very strong.
Pippi Langstrumpf
ist sehr stark.

Sunday ['sʌndeɪ] Sonntag
→ Days of the Week S. 31.

sunglasses ['sʌnglaːsɪz]
Sonnenbrille
Take your sunglasses
to the beach.
Nimm deine
Sonnenbrille
mit zum Strand.

sugar ['ʃʊgə] Zucker
Is this salt or sugar?
Ist das Salz oder
Zucker?

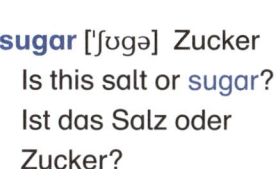

sunny ['sʌni] sonnig
It's sunny outside.
Es ist draußen
sonnig.

supermarket ['suːpəmaːkɪt]
Supermarkt
We live near the supermarket.
Wir wohnen in der Nähe des
Supermarkts.

supper ['sʌpə] Abendessen
Would you like
a sandwich for supper?
Möchtest du ein
Butterbrot zum
Abendessen?

surprised [səˈpraɪzd] überrascht
My mother was surprised
about the flowers.
Meine
Mutter war
über die
Blumen
überrascht.

swam [swæm] schwamm
→ swim
Yesterday I swam in the sea.
Gestern schwamm ich im Meer.

sweet [swiːt] süß
Sugar is sweet.
Zucker ist süß.

Sweets – Süßigkeiten
chewing gum – Kaugummi
popcorn – Popcorn
jelly babies – Gummibärchen
chocolate – Schokolade
sweet – Bonbon
toffees – Toffees, Karamellbonbons
lollipop – Lutscher
biscuits – Kekse

sweets [swiːts]
Bonbons, Süßigkeiten
Sweets are not
good for your teeth.
Süßigkeiten sind
nicht gut für die
Zähne.

swim [swɪm] schwimmen
Can you swim?
Kannst du
schwimmen?

swimming costume ['swɪmɪŋ
kɒstjuːm] Badeanzug (Brit.)
Take your
swimming costume
to the beach.
Nimm deinen
Badeanzug mit
zum Strand.

swimming pool ['swɪmɪŋ puːl]
Schwimmbecken
We have a swimming pool
in our garden.
Wir haben einen Swimming-
pool im Garten.

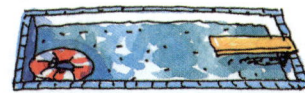

swim suit ['swɪm suːt]
Badeanzug (Am.)
I have a pink swim suit.
Ich habe einen
rosa Badeanzug.

swing [swɪŋ] Schaukel
There is a new swing
in our playground.
Es gibt eine neue
Schaukel auf
unserem
Spielplatz.

swing [swɪŋ] schaukeln
Ben likes swinging.
Ben schaukelt gerne.

table ['teɪbl] Tisch
Don't sit on the table!
Sitz nicht auf dem Tisch!

table-tennis ['teɪbl tenɪs]
Tischtennis
Can you play
table-tennis?
Kannst du
Tischtennis
spielen?

take [teɪk] (mit)nehmen
Take your sunglasses to the beach.
Nimm deine Sonnen-brille mit zum Strand.

teacher ['tiːtʃə] Lehrer(in)
Our teacher's name is Mrs Smith.
Unsere Lehrerin heißt Frau Smith.

talk [tɔːk] sprechen
Don't talk with your mouth full.
Sprich nicht mit vollem Mund.

teddy bear ['tedi beə] Teddybär
Ben is sad because he can't find his teddy bear.
Ben ist traurig, weil er seinen Teddybären nicht finden kann.

tall [tɔːl] groß
My brother is very tall.
Mein Bruder ist sehr groß.

taxi ['tæksi] Taxi
We took a taxi to the airport.
Wir haben ein Taxi zum Flughafen genommen.

teeth [tiːθ] Zähne
You have to brush your teeth before you go to bed.
Du musst deine Zähne putzen, bevor du ins Bett gehst.

telephone ['telɪfəʊn] Telefon
Have you got a telephone?
Haben Sie ein Telefon?

tea [tiː] Tee
Many English people like tea.
Viele Engländer mögen gerne Tee.

telephone box ['telɪfəʊn bɒks]
Telefonzelle

In England many
telephone boxes
are red.
In England sind
viele Telefonzellen
rot.

tell [tel] erzählen

My grandfather likes telling
stories about kings
and queens.
Mein Großvater
erzählt gerne
Geschichten über Könige
und Königinnen.

television ['telɪvɪʒn] Fernsehen
What's on television
tonight?
Was läuft heute
Abend im
Fernsehen?

thanks [θæŋks] danke
Here's your ball. – Thanks.
Hier ist dein Ball. – Danke.

thank you ['θæŋk ju] danke
(schön)
Here is your exercise
book. – Thank you.
Hier ist dein Heft.
– Danke schön.

Thanksgiving – Erntedankfest
Thanksgiving feiert man in in den USA am
4. Donnerstag im November. Anders als in Deutschland ist das
Erntedankfest ein großer Familienfesttag mit traditionellem Trut-
hahnessen. Auch ein Füllhorn (eine Schüssel geformt wie ein
Horn) voller Obst, Blumen und Kornähren als Zeichen des Über-
flusses darf nicht fehlen. An diesem Tag erinnert man sich an die
ersten Siedler, die von Hunger bedroht waren und Gott für eine
gute Ernte dankten.

A B C D E F G H I J K L M N O P Q R S T U V W XY Z

thank you very much
[θæŋk ju veri 'mʌtʃ]
vielen Dank
Here is your exercise book.
– Thank you very much.
Hier ist dein Heft.
– Vielen Dank.

---

that [ðæt] der, die, das (da), dass
Can you give me that pencil?
Kannst du mir den Bleistift da
geben?

---

the [ðə] der, die, das
I can see the boat on the lake.
Ich kann das Boot auf dem
See sehen.

---

their [ðeə] ihr
The children took their
schoolbags.
Die Kinder nahmen ihre
Schultaschen.

---

them [ðem] sie (Mehrzahl)
There are the ducks!
I can see them.
Da sind die
Enten! Ich kann
sie sehen.

then [ðen] dann
I get up at 7 o'clock. Then I
have breakfast.
Ich stehe um 7 Uhr auf. Dann
frühstücke ich.

---

there [ðeə] da, dort
There's a tree in front
of our house.
Da steht ein Baum
vor unserem Haus.

---

these [ði:z] diese
Do you know these people?
Kennst du diese Leute?

---

they [ðeɪ] sie (Mehrzahl)
These are the Smiths. They
are nice people.
Das sind die Smiths. Sie sind
nette Leute.

thin [θɪn] dünn
Your dog is very thin.
Euer Hund ist sehr
dünn.

thing [θɪŋ] Ding
What is that green thing
there on the table?
Was ist das grüne Ding
da auf dem Tisch?

this [ðɪs] dies, das
This is my friend Jim.
Das ist mein Freund Jim.

threw [θruː] warf
→ throw
Sarah threw the ball through
the window.
Sarah warf den
Ball durchs Fenster.

through [θruː] durch
Sarah threw the ball
through the window.
Sarah warf den
Ball durchs Fenster.

throw [θrəʊ] werfen
Throw the ball to me.
Wirf mir den Ball zu.

Thursday ['θɜːzdeɪ] Donnerstag
→ Days of the Week S. 31.

tiger ['taɪgə] Tiger
There is a tiger in our zoo.
Es gibt einen
Tiger in
unserem Zoo.

tights [taɪts] Strumpfhose
Put on your tights.
Zieh deine
Strumpfhose an.

till [tɪl] Kasse → cash register

time [taɪm] Zeit
What's the time?
Wie viel Uhr ist es?

timetable ['taɪmteɪbl]
Stundenplan
Today we got a new
timetable at school.
Heute haben wir
in der Schule einen neuen
Stundenplan bekommen.

tin [tɪn] Dose
You can buy soup in tins.
Man kann Suppe
in der Dose kaufen.

tired [taɪəd] müde
I'm tired.
I want to sleep.
Ich bin müde.
Ich will schlafen.

together [təˈgeðə] zusammen
Let's play together.
Lasst uns
zusammen
spielen.

to [tu] zu, nach
Is this the train to London?
Ist das der Zug nach
London?

toilet [ˈtɔɪlət]
Toilette
I have to go to the
toilet.
Ich muss zur Toilette gehen.

toast [təʊst] Toast
I like honey on my toast.
Ich mag gerne Honig
auf meinem Toast.

tomato [təˈmɑːtəʊ] Tomate
I'd like a pound of
tomatoes, please.
Ich möchte gerne
ein Pfund Tomaten.

today [təˈdeɪ] heute
Frank is ill today.
Frank ist
heute krank.

tonight [təˈnaɪt] heute Abend
What's on television tonight?
Was ist heute Abend im
Fernsehen?

toe [təʊ] Zeh
A foot has five toes.
Ein Fuß hat
fünf Zehen.

too [tuː] zu, auch
Peter is too young to go to
school.
Peter ist zu jung, um in die
Schule zu gehen.

took [tʊk] nahm → take
She took her pen and began
to write.
Sie nahm ihren Stift und
begann zu schreiben.

town [taʊn] Stadt
My mother goes
to town today.
Meine Mutter
fährt heute in die Stadt.

tooth [tuːθ] Zahn
Peter has a bad tooth.
Peter hat einen
schlechten Zahn.

toys [tɔɪz] Spielsachen
John has a lot of toys.
John hat viele
Spielsachen.

toothpaste [ˈtuːθpeɪst]
Zahnpasta
We have to buy new
toothpaste.
Wir müssen
neue Zahnpasta kaufen.

tractor [ˈtræktə] Traktor
Look, there's a tractor.
Guck mal, da ist ein
Traktor.

to the left [tu ðə ˈleft] nach links
Go to the left and
then turn right.
Geh nach links und
dann bieg rechts ab.

traffic [ˈtræfɪk]
Verkehr
In London there's a lot
of traffic in the streets.
In London ist viel
Verkehr auf den
Straßen.

to the right [tu ðə ˈraɪt]
nach rechts
Go to the right and then
turn left.
Geh nach rechts
und dann bieg links ab.

traffic lights [ˈtræfɪk laɪts]
Ampel
The traffic lights are green.
Die Ampel ist grün.

A B C D E F G H I J K L M N O P Q R S T U V W XY Z

traffic sign [ˈtræfɪk saɪn]
Verkehrsschild
Do you know this
traffic sign?
Kennst du dieses
Verkehrsschild?

trolley [ˈtrɒli] Einkaufswagen
Put the apples into the trolley.
Leg die Äpfel in den
Einkaufswagen.

train [treɪn] Zug, Eisenbahn
My train goes at 10 a.m.
Mein Zug fährt um 10 Uhr
morgens.

trousers [ˈtraʊzəz] Hose (Brit.)
These are not my trousers!
They are daddy's!
Das ist nicht
meine Hose! Sie
gehört Papa!

trainers [ˈtreɪnəz] Turnschuhe
You have to wear
trainers for sports.
Man muss
zum Sport
Turnschuhe
tragen.

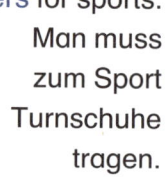

truck [trʌk] LKW, Lastwagen
(Am.)
There's a big truck behind us.
Da ist ein großer
Lastwagen
hinter uns.

trunks [trʌŋks] Badehose
Take your trunks to the beach.
Nimm deine Badehose
mit zum Strand.

tree [triː] Baum
There's a big tree in
front of our house.
Vor unserem Haus
steht ein
großer Baum.

Tuesday ['tjuːzdeɪ] Dienstag
→ Days of the Week S. 31.

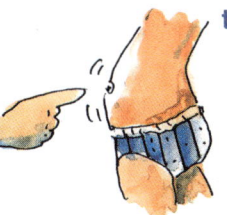

tummy ['tʌmi] Bauch
My tummy hurts.
Mein Bauch
tut weh.

turn [tɜːn] abbiegen, werden
Turn left at the
traffic lights.
Biegen Sie an
der Ampel
links ab.

turn [tɜːn]
It's your turn!
Du bist dran!

turn round [tɜːn 'raʊnd] sich
umdrehen
Sally turned round
and ran away.
Sally drehte
sich um
und rannte weg.

TV [tiː'viː] Fernsehen
What's on TV tonight?
Was ist heute Abend
im Fernsehen?

U

umbrella [ʌm'brelə]
Regenschirm
Take your umbrella,
it's raining.
Nimm deinen
Regenschirm mit, es regnet.

uncle ['ʌŋkl] Onkel
My mother's
brother is my uncle.
Der Bruder meiner
Mutter ist mein Onkel.

under ['ʌndə] unter
The cat is sitting
under the table.
Die Katze sitzt unter dem Tisch.

underground ['ʌndəgraʊnd]
U-Bahn
Take the under-
ground to the Tower.
Nimm die U-Bahn
zum Tower.

up [ʌp] hoch, oben
John is climbing
up that tree!
John klettert den
Baum hoch!

upstairs [ʌpˈsteəz] oben
(im Haus)
Where's mum?
– She's upstairs.
Wo ist Mama?
– Sie ist oben.

V **vegetable(s)** [ˈvedʒətəbl(z)]
Gemüse
Vegetables are
good for you.
Gemüse ist gut
für dich.

very [ˈveri] sehr
My father is very tall.
Mein Vater ist sehr groß.

vest [vest] Unterhemd (Brit.)
Put on a vest
under your t-shirt.
Zieh dir ein Unterhemd
unter dem T-Shirt an.

violin [ˈvaɪəlɪn] Geige
Can you play the violin?
Kannst du Geige
spielen?

visit [ˈvɪzɪt] besuchen
Come and visit me
this afternoon.
Komm und besuch
mich heute Nachmittag.

Vegetables – Gemüse

lettuce – Blattsalat
cucumber – Gurke
carrots – Karotten
peas – Erbsen
beans – Bohnen
cauliflower – Blumenkohl

broccoli – Brokkoli
pepper– Paprika
cabbage – Kohl
onions – Zwiebeln
leek – Lauch, Porree
tomatoes – Tomaten

W

wait [weɪt] warten
Wait for me! I'll be ready soon.
Warte auf mich.
Ich bin gleich fertig.

wake up [weɪk ˈʌp] aufwachen
I wake up at 7 o'clock
in the morning.
Ich wache
um 7 Uhr
morgens auf.

walk [wɔːk] laufen, gehen
We walked around the lake.
Wir sind um den See
herumgelaufen.

wall [wɔːl] Wand
We have no picture on
the wall.
Wir haben
kein Bild
an der Wand.

want to [ˈwɒnt tu] wollen
I want to have an
ice cream.
Ich will ein Eis
haben.

wardrobe [ˈwɔːdrəʊb] Schrank
Put your clothes into
the wardrobe.
Leg deine Kleider
in den Schrank.

warm [wɔːm] warm
Come into the water!
It's warm.
Komm ins
Wasser!
Es ist
warm.

wash [wɒʃ] waschen
Wash your
hands before you
eat.
Wasch deine
Hände, bevor
du isst.

watch [wɒtʃ] gucken, schauen
I want to watch television now.
Ich will jetzt Fernsehen gucken.

watch [wɒtʃ] Armbanduhr
This is my new watch.
Das ist meine neue Armbanduhr.

water ['wɔːtə] Wasser
Come into the water!
It's warm.
Komm ins Wasser!
Es ist warm.

way [weɪ] Weg
Can you tell me the way to the station?
Können Sie mir den Weg zum Bahnhof erklären?

we [wi] wir
Next week we will go on holiday.
Nächste Woche fahren wir in Urlaub.

weak [wiːk] schwach
Sarah is ill. She's too weak to walk.
Sarah ist krank. Sie ist zu schwach zum Laufen.

wear [weə] tragen, anhaben

When it's cold I wear my warm vest.
Wenn es kalt ist, trage ich mein warmes Unterhemd.

weather ['weðə] Wetter
How is the weather today?
It's sunny.
Wie ist das Wetter heute?
Es ist sonnig.

Wednesday ['wenzdeɪ] Mittwoch
→ Days of the Week S. 31.

week [wiːk] Woche
Last week Tim got
a new bike.
Letzte Woche hat
Tim ein neues
Fahrrad
bekommen.

weekend [wiːkˈend] Wochenende
What are you doing
at the weekend?
Was machst
du am
Wochen-
ende?

well [wel] gut
Sarah can swim very well.
Sarah kann gut schwimmen.

wellingtons, wellies
[ˈwelɪŋtənz, ˈweliz] Gummistiefel
I'm wearing my wellies because
it's raining.
Ich trage meine
Gummistiefel,
weil es
regnet.

went [went] ging
→ go
Yesterday we went to the zoo.
Gestern gingen wir in den Zoo.

wet [wet] nass
My T-shirt is wet. Yours is
already dry.
Mein T-Shirt ist nass. Deins ist
schon trocken.

what [wɒt] was
What did you say?
Was hast du gesagt?

when [wen] wann, wenn, als
When will you come back?
Wann kommst du zurück?

where [weə] wo
Where is my bike?
Wo ist mein Fahrrad?

which [wɪtʃ] welche
Which drink would you like?
Welches Getränk möchtest du?

A
B
C
D
E
F
G
H
I
J
K
L
M
N
O
P
Q
R
S
T
U
V
W
XY
Z

white [waɪt] weiß
Snow is white.
Schnee ist weiß.

window ['wɪndəʊ] Fenster
This house has many windows.
Dieses Haus hat viele Fenster.

who [huː] wer
Who is on the phone?
Wer ist am Telefon?

why [waɪ] warum
Why does hair turn grey?
Warum werden Haare grau?

windy ['wɪndi] windig
It's very windy today.
Es ist heute sehr windig.

will [wɪl] werden
I will win this game.
Ich werde dieses Spiel gewinnen.

winter ['wɪntə] Winter
In winter many birds fly south.
Im Winter fliegen viele Vögel in den Süden.

win [wɪn] gewinnen
Mike is first.
He always wins.
Mike ist Erster.
Er gewinnt immer.

wish [wɪʃ] wünschen
I wish you a merry Christmas.
Ich wünsche dir frohe Weihnachten.

wind [wɪnd] Wind
Listen! The wind is blowing.
Hör mal!
Der Wind pfeift.

146

witch [wɪtʃ] Hexe
Bibi Blocksberg
is a witch.
Bibi Blocksberg
ist eine Hexe.

with [wɪð] mit
Do you like fish fingers
with rice?
Magst du Fischstäbchen
mit Reis?

without [wɪˈðaʊt] ohne
Susan went to
school without her
pencil-case.
Susan ging ohne ihr
Mäppchen zur Schule.

wizard [ˈwɪzəd] Zauberer
Do you know
"The Wizard of Oz"?
Kennst du den
„Zauberer von Oz"?

woke up [wəʊk ˈʌp] wachte auf
➔ wake up
Yesterday I woke up at
9 o'clock in the morning.
Gestern wachte
ich um 9 Uhr
morgens auf.

woman [ˈwʊmən] Frau
The woman in the
blue dress is my
mother.
Die Frau im blauen
Kleid ist meine Mutter.

women [ˈwɪmɪn] Frauen
➔ woman
Many women don't like football.
Viele Frauen mögen kein
Fußball.

won [wʌn] gewann, gewonnen
➔ win
Mark has won.
Mark hat gewonnen.

wood [wʊd] Holz
This table is made of wood.
Dieser Tisch
ist aus Holz.

Goose

word [wɜːd] Wort
How many letters
has the word "goose"?
Wie viele Buchstaben
hat das Wort „goose"?

work [wɜːk] Arbeit
Where's your dad?
– He's at work.
Wo ist dein Papa?
– Er ist bei der
Arbeit.

work [wɜːk] arbeiten
My mother works in an office.
Meine Mutter
arbeitet in einem
Büro.

would [wʊd] würde
I would do that.
Ich würde das tun.

would you like? [wʊd ju ˈlaɪk]
möchtest du?, möchten Sie?
Would you like an ice cream?
Möchtest du ein Eis?

write [raɪt] schreiben
Can you already
read and write?
Kannst du
schon lesen
und schreiben?

wrong [rɒŋ] falsch
That's wrong.
Das ist falsch.

HÄLLO

wrote [rəʊt] schrieb
→ write
Yesterday I wrote a letter to my
grandma.
Gestern schrieb ich einen Brief
an meine Oma.

Y

year [jɪə] Jahr
A year has
twelve months.
Ein Jahr hat
zwölf Monate.

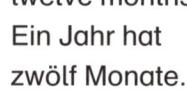

2005

yellow ['jeləʊ] gelb
Our hen has ten
yellow chicks.
Unsere Henne hat
zehn gelbe Küken.

yes [jes] ja
Would you like
an ice cream?
– Yes, please.
Möchtest du ein
Eis? – Ja, bitte.

you [ju] du, Sie, man
Are you sleeping?
Schläfst du?

young [jʌŋ] jung
Tim is too young to
go to school.
Tim ist zu jung,
um zur Schule zu
gehen.

your [jʊə] dein
Is that your
little sister?
Ist das deine kleine
Schwester?

you're welcome [jʊə 'welkəm]
bitte, gern geschehen
Thank you for your help.
– You're welcome.
Danke für Ihre Hilfe.
– Bitte, gern geschehen.

Z

zebra ['ziːbrə] Zebra
Zebras are black
and white.
Zebras sind
schwarz-weiß.

zoo [zuː] Zoo
There's a baby elephant
in our zoo.
Es gibt ein Elefantenbaby
in unserem
Zoo.

149

Glossar Deutsch-Englisch

A

abbiegen	turn
Abend	evening
Abendessen	supper
aber	but
acht	eight
achtzig	eighty
Affe	monkey
alle, alles	all
allein	alone
als	when
alt	old
Amerika	America
amerikanisch	American
Ampel	traffic lights
an	at
Ananas	pineapple
anfangen	begin
anhaben	wear
anhalten	stop
antworten	answer
anziehen	put on
Apfel	apple
Apfelsine	orange
April	April
Arbeit	work
arbeiten	work
Arm	arm
arm	poor
Armbanduhr	watch
auch	too
auf	on
aufheben	pick up
aufhören	stop
aufstehen	get up, stand up

aufwachen	wake up
auf Wiedersehen	goodbye!, bye!
Auge	eye
August	August
aus	from, out, (zu Ende) over
aussehen	look
Auto	car

B

Baby	baby
Bad	bath
Badeanzug	swimsuit (Am.), swimming costume (Brit.), bathing costume
Badehose	trunks
Badezimmer	bathroom
Bahnhof	station
bald	soon
Ball	ball
Banane	banana
Bank	(Sitz~) bench
Bär	bear
Basketball	basketball
Bauch	tummy
bauen	build
Bauer	farmer
Bauernhof	farm
Baum	tree
beantworten	answer
beenden	finish
beginnen	begin
bei	at
Bein	leg

A
B
C
D

bekommen	get
bemalen	paint
Berg	mountain
Besenstiel	broomstick
besuchen	visit
Bett	bed
bevor	before
bewölkt	cloudy
bezahlen	pay
Bild	picture
billig	cheap
Birne	pear
bitte	please, (nach „danke") you're welcome
Blase	bubble
blasen	blow
Blätter	leaves
Blattsalat	lettuce
blau	blue
Bleistift	pencil
Blume	flower
Blumenkohl	cauliflower
Bluse	blouse
Blüte	blossom
Bohne	bean
Bonbon	sweet
Boot	boat
braun	brown
Brief	letter
Briefträger	postman
bringen	bring
britisch	British
Brot	bread
Brötchen	roll
Brücke	bridge

Bruder	brother
Buch	book
Buchstabe	letter
Bulle	bull
Burg	castle
Büro	office
bürsten	brush
Bus	bus
Bushaltestelle	bus stop
Butter	butter
Butterbrot	sandwich

C

Campingplatz	campsite
Cent	cent
Cola	coke
Computer	computer
Cousin(e)	cousin

D

da	there
Dach	roof
danke	thank you, thanks
dann	then
das	the
dass	that
Datum	date
dein	your
der	the
deutsch	German
Deutschland	Germany

Glossar Deutsch-Englisch

Dezember	December
dick	fat
die	the
Dienstag	Tuesday
dies	this
diese	these
Ding	thing
Dollar	dollar
Donnerstag	Thursday
dort	there
Dose	tin
Drachen	(Fabeltier) dragon
Drachen	(Spielzeug) kite
draußen	outside
drei	three
dreißig	thirty
dreizehn	thirteen
du	you
dunkel	dark
dünn	thin
durch	through
durchstreichen	cross out
dürfen	may

Eisbär	polar bear
Eis(creme)	ice cream
Eisenbahn	train
Elefant	elephant
elf	eleven
Eltern	parents
England	England
englisch	English
Ente	duck
Entschuldigung	excuse me
Entschuldigung!	Sorry!
er	he
Erbse	pea
Erdbeere	strawberry
erste	first
erzählen	tell
es	it
Essen	dinner, (Nahrung) food
essen	eat
etwas	something
Euro	euro
Europa	Europe

E

Ei	egg
Eimer	bucket
ein	a, an
einige	some
Einkaufswagen	trolley
Einkaufszentrum	shopping centre
einladen	invite
eins	one
Eis	ice

F

Fähre	ferry
fahren	go, (mit dem Rad) ride
Fahrrad	bike, bicycle
fallen	fall
falsch	wrong
Familie	family
fangen	catch, (jagen) chase

A
B
C
D
E
F
G

Farbe	colour
Februar	February
Fee	fairy
Fenster	window
Ferien	holiday(s)

Fernsehen	television, TV
fett	fat
Feuerwehrwagen	fire-engine
Film	film
finden	find
Finger	finger
Fisch	fish
Fischstäbchen	fish finger
Flasche	bottle
Fleisch	meat
fliegen	fly
Flöte	flute
Flughafen	airport
Flugzeug	plane
Fluss	river
Flusspferd	hippo
Frage	question
fragen	ask
Frankreich	France
französisch	French
Frau	woman, (Anrede) Mrs
Freitag	Friday
fressen	eat

Freund	friend, (eines Mädchens) boyfriend
Freundin	friend, (eines Jungen) girlfriend
Frosch	frog
Frühling	spring
Frühstück	breakfast
fühlen	feel
füllen	fill
Füller	pen
fünf	five
fünfzehn	fifteen
fünfzig	fifty
Fuß	foot
Fußball	football
Fußboden	floor
Futter	food
füttern	feed

G

Gabel	fork
Gans	goose
Garage	garage
Garten	garden
Gast	guest
geben	give
Geburtstag	birthday
Geburtstagsfeier	birthday party
Geburtstagskuchen	birthday cake
gegenüber	opposite
gehen	go, walk
Gehweg	pavement (Brit.), sidewalk (Am.)

Geige	violin
gelb	yellow
Geld	money
Gemüse	vegetable(s)
geöffnet	open
geradeaus	straight
gern geschehen	you're welcome
Geschäft	shop
Geschenk	present
Geschichte	story
Geschirr	dishes
geschlossen	closed
Gesicht	face
Gespenst	ghost
Getränk	drink
gewinnen	win
Giraffe	giraffe
Gitarre	guitar
Glas	glass
glücklich	happy
Gras	grass
grau	grey
groß	great, big, tall
Großmutter	grandmother
Großvater	grandfather
grün	green
gucken	look, watch
Gummistiefel	wellingtons, wellies
Gurke	cucumber
Gürtel	belt
gut	good, fine, well
gute Nacht	good night
guten Morgen	good morning

H

Haar	hair
haben	have
Hafen	port
Hahn	cock
halb	half, (bei Uhrzeiten) half past
Hälfte	half
Hallo!	Hello!
Hals	neck
Hand	hand
Handschuhe	gloves
hassen	hate
Haus	house
Hausaufgaben	homework
Haustier	pet
Heft	exercise book
heiß	hot
helfen	help
hell	bright
Hemd	shirt
Henne	hen
Herbst	autumn (Brit.), fall (Am.)
hereinkommen	come in
Herr	Mr
Heu	hay
heute	today
Hexe	witch
hier	here
Hilfe	help
Himbeere	raspberry
Himmel	sky
hinsetzen	sit down
hinter	behind

hoch	high, up
Holz	wood
Honig	honey
Hose	trousers (Brit.), pants (Am.)
Huhn	chicken
Hund	dog
hundert	one hundred
Hut	hat

I

ich	I
ihr	her, their
immer	always
in	in, at

in … hinein	into
irgendein	any
irgendwelche	any
Italien	Italy
italienisch	Italian

J

ja	yes
jagen	chase
Jahr	year
Jahreszeit	season
Januar	January
jeder	every
jemand	somebody

jetzt	now
Juli	July
jung	young
Junge	boy
Juni	June

K

Kaffee	coffee
Kalb	calf
kalt	cold
Kamel	camel
Kanarienvogel	canary
Kaninchen	rabbit
Kappe	cap
kaputt	broken
Karfreitag	Good Friday
Karotte	carrot
Karten	(Spiel~) cards
Kartoffel	potato
Käse	cheese
Kasse	cash register, till
Katze	cat
kaufen	buy
Kaugummi	chewing gum
kein	no
Keks	biscuit (Brit.), cookie (Am.)
Keller	cellar
kennen	know
Kerze	candle
Kind	child
Kino	cinema
Kirche	church
Kirsche	cherry
Kiste	box

A
B
C
D
E
F
G
H
I
J
K

Glossar Deutsch-Englisch

Klassenraum	classroom
klatschen	clap
Klavier	piano
Kleid	dress
Kleidung	clothes
klein	little, small
klettern	climb
Knie	knee
kochen	cook
Koffer	suitcase
Kohl	cabbage
kommen	come
König	king
Königin	queen
können	can
Kopf	head
Korb	basket
Körper	body
krabbeln	crawl
krank	ill
Kranken-schwester	nurse
Krankenwagen	ambulance
Kreide	chalk
Kreisverkehr	roundabout
Kreuzung	crossroads

Krokodil	crocodile
Küche	kitchen
Kuchen	cake
Kuh	cow
Kühlschrank	fridge
Küken	chick
Kürbis	pumpkin
kurz	short

L

lächeln	smile
lachen	laugh
Laden	shop
Lamm	lamb
Lampe	lamp
Land	country
lang	long
langsam	slow
lasst uns	let's
Lastwagen	lorry (Brit.), truck (Am.)
Lauch	leek
laufen	walk
laut	noisy
leben	live
leer	empty
legen	put
Lehrer(in)	teacher
leise	quiet
Leopard	leopard
lernen	learn
lesen	read
letzte	last
Leute	people
liebe(r)	dear
lieben	love
Lieblings-	favourite
Lied	song
Lineal	ruler
links	left
Lippen	lips
LKW	lorry (Brit.), truck (Am.)
Loch	hole

Löffel	spoon
Löwe	lion
Luftkissenboot	hovercraft
lustig	funny

M

machen	do, make
Mädchen	girl
Mai	May
malen	draw, paint
Malkasten	paintbox
Mama	mum (Brit.), mom (Am.)
manchmal	sometimes
Mann	man
Mantel	coat
Mäppchen	pencil-case
Märchen	fairy tale
Markt	market
Marktplatz	marketplace
Marmelade	jam
März	March
Maus	mouse
Meer	sea
Meeresküste	seaside
Meer-schweinchen	guinea pig
mehr	more
mein	my
Melone	melon
Messer	knife
Milch	milk
Mineralwasser	mineral water
Minute	minute
mit	with, by

mitbringen	bring
mitnehmen	take
Mittagessen	lunch
Mittwoch	Wednesday
Möbel	furniture
mögen	like
Monat	month
Mond	moon
Montag	Monday
Morgen	morning
Motorrad	motorbike
müde	tired
Mund	mouth
Murmeln	marbles
müssen	must, have to
Mutter	mother
Mütze	hat

N

nach	(räumlich) to, (zeitlich) after
nach links	to the left
Nachmittag	afternoon
nach rechts	to the right
nächster	next
Nacht	night
nah	near
Nahrung	food
Name	name
Nase	nose
Nashorn	rhinoceros
nass	wet
Nebel	fog
nebelig	foggy
neben	beside, next to

157

Glossar Deutsch-Englisch

nehmen	take
nein	no
nett	nice
neu	new
neun	nine
neunzig	ninety
nicht	not
niedrig	low
Nilpferd	hippo
noch ein	another
noch einmal	again
Norden	north
November	November
Nummer	number
nun	now

O

oben	above, up, (im Haus) upstairs
Obst	fruit
oder	or
öffnen	open
oft	often
ohne	without
Ohr	ear
Oktober	October
Oma	grandma
Onkel	uncle
Opa	grandad, grandpa
Orange	orange
Osterei	easter egg
Osterhase	easter bunny

Ostern	Easter

P

Päckchen, Paket	packet
Papa	dad, daddy
Papier	paper
Paprika	pepper
pfeifen	blow
Pferd	horse
Pfirsich	peach
Pflanze	plant
pflücken	pick
Pflug	plough
Pfund	pound
Pinguin	penguin
Pinsel	paintbrush
Po	bottom
Polizist	policeman
Pommes frites	chips
Portmonnee	purse
Postbote	postman
Puppe	doll
Puppenhaus	doll's house
Puppenwagen	doll's pram
purpurrot	purple
pusten	blow
putzen	(Zähne) brush
Puzzle	jigsaw

R

Rad fahren	ride a bike
Radiergummi	rubber
Radio	radio
Ratte	rat

rechnen	count
rechts	right
Regal	bookcase
Regen	rain
Regenjacke, -mantel	raincoat
Regenschirm	umbrella
regnen	rain
regnerisch	rainy
reichen	pass
Reis	rice
reiten	ride
rennen	run
richtig	right
Rock	skirt
Roller	scooter
Rollschuhe	roller skates
Rollschuh laufen	roller-skate
rosa	pink
Rose	rose
rot	red
Rücken	back
rufen	shout
ruhig	quiet
rund	round
runter	down
Rutsche	slide
rutschen	slide

S

Saft	juice
sagen	say
Salat	salad
Salz	salt
Samstag	Saturday

Sand	sand
Sandalen	sandals
Sandburg	sandcastle
Satz	sentence
sauber	clean
sauer	sour
Schach	chess
Schachtel	box
Schaf	sheep
Schal	scarf
scharf	hot
schauen	look, watch
Schaufel	spade
Schaukel	swing
schaukeln	swing
Scheibe	(Brot~) slice
Schere	scissors
scheu	shy
Scheune	barn
schicken	send
schieben	push
Schiff	ship
Schinken	ham
Schirm	umbrella
Schlafanzug	pyjamas
schlafen	sleep
Schlafzimmer	bedroom
schlagen	hit
Schlange	snake
schlecht	bad
schließen	shut
Schlittschuhe	ice skates
Schlittschuh-laufen	ice skating
Schloss	(Gebäude) castle

Schmetterling	butterfly
schmutzig	dirty
Schnee	snow
Schneeball	snowball
Schneemann	snowman
schneiden	cut
schneien	snow
schnell	fast
Schnorchel	snorkel
Schokolade	chocolate
schon	already
schön	nice, beautiful
Schrank	cupboard, (Kleider~) wardrobe
schreiben	write
Schreibtisch	desk
schreien	shout
schüchtern	shy
Schuhe	shoes
Schule	school
Schüler(in)	pupil
Schulhof	playground
Schulstunde	lesson
Schultasche	schoolbag
schwach	weak
schwarz	black
Schwein	pig
schwer	heavy
Schwester	sister
schwierig	hard, difficult
Schwimmbecken	swimming pool
schwimmen	swim
sechs	six
sechzig	sixty
See	lake

Segeln	sailing
sehen	see
sehr	very
sein	(Verb) be, (Fürwörter) his, its
Sekretär(in)	secretary
Sekunde	second
Semmel	roll
senden	send
September	September
Sessel	armchair
sie	she, they, them
Sie	you
sieben	seven
siebzig	seventy
singen	sing
sitzen	sit
Ski fahren	ski
so	so
Socke	sock
Sofa	sofa
Sohn	son
Sommer	summer
sondern	but
Sonne	sun
Sonnenbrille	sunglasses
sonnig	sunny
Sonntag	Sunday
Spanien	Spain
spanisch	Spanish
Speck	bacon
Spiel	game
spielen	play
Spielplatz	playground
Spielsachen	toys

Sport	sport		tanzen	dance
sprechen	speak, talk		Tasche	bag
springen	jump		Tasse	cup
Springseil	skipping rope		Taucherbrille	(face) mask
Stadt	town,		Taxi	taxi
	(Großstadt) city		Teddybär	teddy bear
			Tee	tea
stark	strong		Teil	part
stehen	stand		Telefon	phone,
stellen	put			telephone
Stern	star			
Stift	pen		Telefon-	
stolz	proud		nummer	phone number
Strand	beach		Telefonzelle	telephone box
Straße	(Land) road,		Teller	plate
	(Stadt) street		Tier	animal
			Tiger	tiger
Strumpfhose	tights		Tisch	table
Stück	piece		Tischtennis	table-tennis
Stuhl	chair		Toast	toast
Stunde	hour		Tochter	daughter
Stundenplan	timetable		Toilette	toilet
suchen	look for		toll	great
Süden	south		Tomate	tomato
Supermarkt	supermarket		tragen	carry,
süß	sweet			(Kleidung) wear
Süßigkeiten	sweets			
			Traktor	tractor
			träumen	dream
			traurig	sad
T			treffen	hit
			Treppe	stairs
Tafel	(Schul~)		trinken	drink
	(black)board,		trocken	dry
	(Schokolade)		Truthahn	turkey
	bar		tschüss!	bye!, bye-bye!
Tag	day		tun	do
Tante	aunt		Tür	door

161

Turnschuhe	trainers
Tüte	bag

U

U-Bahn	underground (Brit.), subway (Am.)
übel	sick
über	about, (räumlich) above
überrascht	surprised
Uhr	clock
umdrehen, sich	turn round
um ... herum	around
und	and
unser	our
unten	down, (im Haus) downstairs
unter	under
Unterhemd	vest
Unterhose	briefs
Urlaub	holiday

V

Vater	father
verkaufen	sell
Verkäufer(in)	shop assistant
Verkehr	traffic
Verkehrsschild	traffic sign
verkleiden, sich	dress up
verschieden	different
Versteken	(Spiel) hide-and-seek

verstecken	hide
viel	much
viele	a lot of, many
vier	four
vierzehn	fourteen
Viertel	quarter
vierzig	forty
Vogel	bird
voll	full
von	from, of, by
von ... nach	from ... to
von ... runter	off
vor	(zeitlich) before, (räumlich) in front of
vorbei	over

W

Wand	wall
wann	when
warm	warm
warten	wait
warum	why
was	what
waschen	wash
Wasser	water
Wecker	alarm clock
weg	away
Weg	way
weh tun	hurt
weich	soft
Weihnachten	Christmas
Weihnachtsbaum	Christmas tree
weil	because

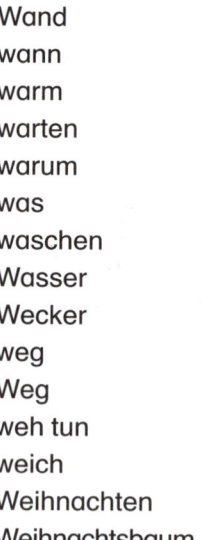

weinen	cry
weiß	white
weit	far
weitermachen	go on
welche	which
wenn	when, if
wer	who
werden	get, become, will, turn
werfen	throw
Wetter	weather
wie	how
wieder	again
wiederholen	repeat
wie geht's?	how are you?
wie viel	how much
wie viele	how many
Wind	wind
windig	windy
Winter	winter
wir	we
wissen	know
wo	where
Woche	week
Wochenende	weekend
wohnen	live
Wohnung	flat
Wohnwagen	caravan
Wohnzimmer	living room
Wolke	cloud
wollen	want to
Wort	word
wünschen	wish
Würfel (Mehrzahl)	dice
Wurst	sausage
wütend	angry

Z

Zahl	number
zählen	count
Zahn	tooth
Zahnpasta	toothpaste
Zauberer	wizard
Zaun	fence
Zebra	zebra
Zeh	toe
zehn	ten
zeichnen	draw
zeigen	show
Zeitung	newspaper
Zelt	tent
Ziege	goat
ziehen	pull
Zimmer	room
Zirkus	circus
Zitrone	lemon
Zoo	zoo
zu	(räumlich) to, (geschlossen) closed, (allzu) too
Zucker	sugar
Zug	train
zu Hause	at home
zuhören	listen
zumachen	close, shut
zurück	back
zusammen	together
zwanzig	twenty
zwei	two
Zwiebel	onion
zwischen	between
zwölf	twelve

Übungen

1. Suche die folgenden Wörter in
   deinem Wörterbuch, und schreibe
   auf, welches Wort davor und
   welches danach kommt.

Beispiel: _*away*_   b a b y   _*back*_

_____   d o g   _____

_____   f a t h e r   _____

_____   g l o v e s   _____

_____   r u b b e r   _____

_____   t r o l l e y   _____

2. Suche zu jedem dieser Buchstaben ein Wort heraus, das du
   besonders schön oder lustig findest.

a _____   *b* _____

d _____   *f* _____

m _____   *p* _____

s _____   *t* _____

3. Suche zu jedem Bild das englische Wort. Das Glossar Deutsch-
Englisch auf den Seiten 150–163 kann dir helfen.

_____ _____ _____ _____ _____

4. Suche in deinem Wörterbuch 6 Wörter, die mit „th" beginnen.
Welcher Buchstabe steht oft im Deutschen dafür?

a) _____   b) _____

c) _____   d) _____

e) _____   f) _____

5. Bilde zusammen mit einem Mitschüler oder deinen Eltern eine
Wörterkette. Du suchst dir ein Wort aus deinem Wörterbuch
aus. Dein Partner sucht ein neues Wort, das mit dem letzten
Buchstaben deines Wortes beginnt.

Beispiel: _airport – toe – elephant – tennis_

_____

_____

_____

_____

6. Bring die Wörter auf den Luftballons in die richtige alphabetische Reihenfolge.

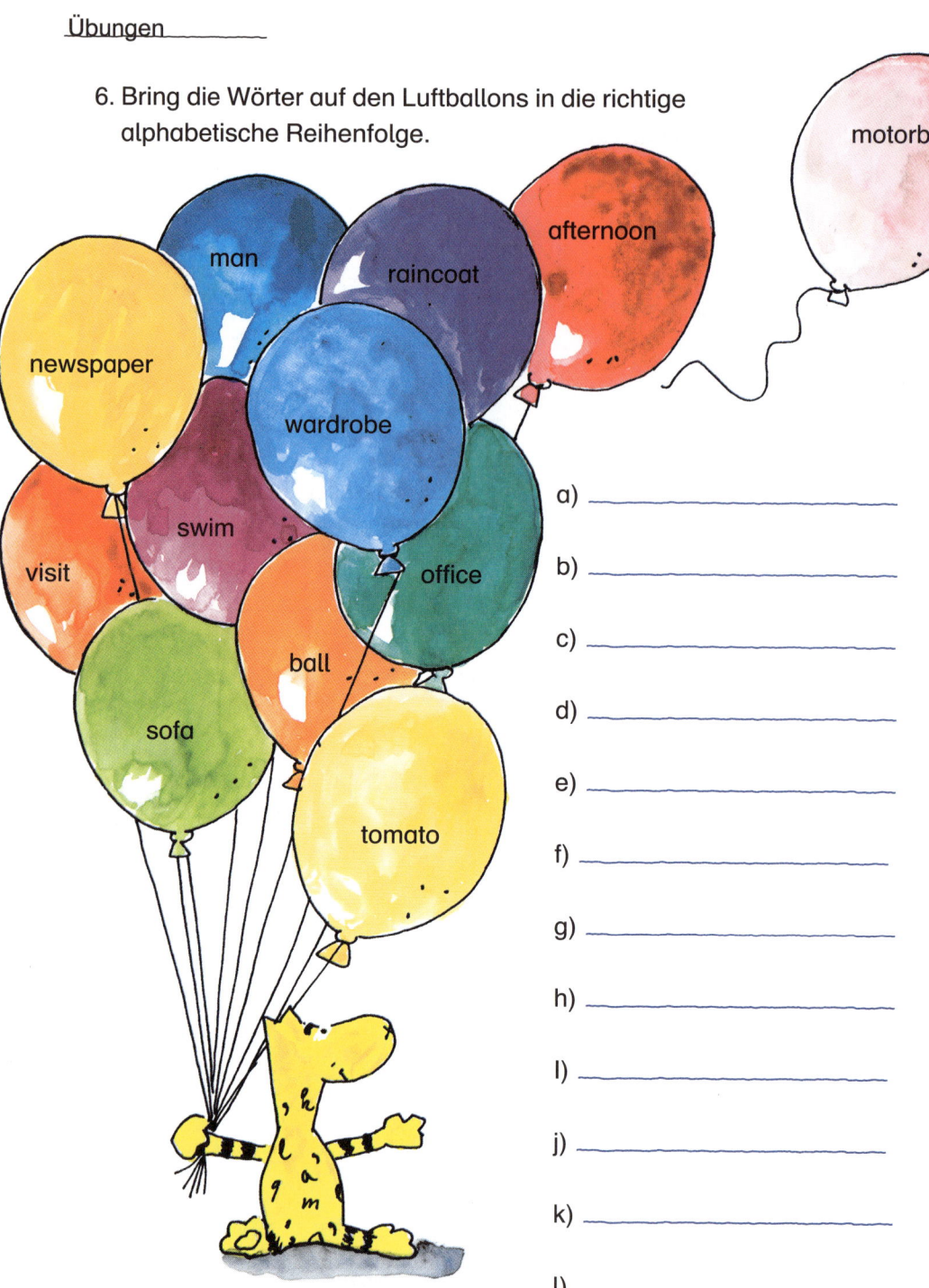

a) _____

b) _____

c) _____

d) _____

e) _____

f) _____

g) _____

h) _____

l) _____

j) _____

k) _____

l) _____

7. Kannst du die Körperteile benennen?
   Wenn du Hilfe brauchst, schau auf den Seiten 14/15 nach.

8. Welches Wort passt nicht zu den anderen? Unterstreiche das Wort,
   das nicht passt. Benutze dein Wörterbuch, wenn du die Bedeutung
   der Wörter nicht weißt.

a) tiger, zebra, giraffe, dog, hippo

b) spoon, pen, pencil, paintbrush, schoolbag

c) chair, sofa, violin, table, armchair

d) apple, milk, banana, pear, cherry

e) car, lorry, marketplace, taxi, ambulance

9. Deine englische
   Brieffreundin hat
   Geburtstag.
   Was schreibst du auf
   die Geburtstagskarte?
   Schau im Kasten unter
   „Birthday" nach.

10. Wann bekommen englische Kinder ihre Weihnachts-
    geschenke? Suche den Kasten zum Thema „Christmas"
    und kreuze die richtige Antwort an.

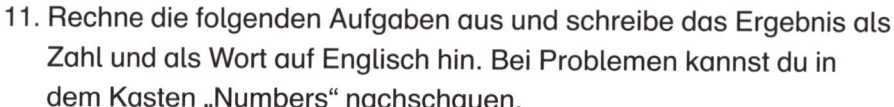

☐ Heiligabend
   (24. Dezember)

☐ Zweiter Weihnachtstag
   (26. Dezember)

☐ Erster Weihnachtstag
   (25. Dezember)

☐ Silvester
   (31. Dezember)

11. Rechne die folgenden Aufgaben aus und schreibe das Ergebnis als
    Zahl und als Wort auf Englisch hin. Bei Problemen kannst du in
    dem Kasten „Numbers" nachschauen.

    a) 1 + 6 = _____ In Worten: _____

    b) 12 – 3 = _____ In Worten: _____

    c) 3 + 11 = _____ In Worten: _____

    d) 33 – 8 = _____ In Worten: _____

    e) 28 – 7 = _____ In Worten: _____

    f) 7 x 6 = _____ In Worten: _____

12. Auf der Speisekarte in einem Restaurant sind die Speisen und Getränke durcheinandergeraten. Kannst du Ordnung in das Durcheinander bringen? Schreibe die Speisekarte neu.

ice cream
milk
rice
potatoes
tea
peas
coffee
fish
chicken
mineral water
juice
coke
ham
chips

Food

Drinks

13. Was kommt in den Koffer für den Sommerurlaub und was in den Koffer für den Winterurlaub? Verbinde zunächst die Kleidungsstücke mit dem richtigen Koffer. Mach dann eine Liste für den Winter und eine für den Sommer.

winter:

pullover

summer:

shorts

14. Nächste Woche hast du viel vor! In deinen Wochenkalender trägst du
links die Wochentage ein und rechts das, was du tun willst. Schau dir dazu
die Kästen zu den Wochentagen (Days of the Week), Hobbys (Hobbies),
Ballspielen (Ball Games) und Sportarten (Sports) an.

Monday   *swimming*

15. Finde die Gegensätze zu den folgenden Wörtern. Setze das richtige
Wort ein. Auf den Seiten 44/45 findest du Hilfe.

a) I am young. My grandpa is _____.

b) Sugar is sweet. Lemons are _____.

c) I am short. My brother is _____.

d) Our car is old. Your car is _____.

e) My hands are clean. My sisters hands are _____.

Übung 1: do – dog – doll; fat – father – favourite; glass – gloves – go; roundabout – rubber – ruler; tree – trolley – trousers

Übung 2: Lösung offen

Übung 3: bike, moon, fish, hand, rubber

Übung 4: z.B. there, these, thin, thing, this, through.
Im Deutschen steht für „th" oft ein „d".

Übung 5: Lösung offen

Übung 6: a) afternoon, b) ball, c) man, d) motorbike, e) newspaper, f) office, g) raincoat, h) sofa, I) swim, j) tomato, k) visit, l) wardrobe

Übung 7:

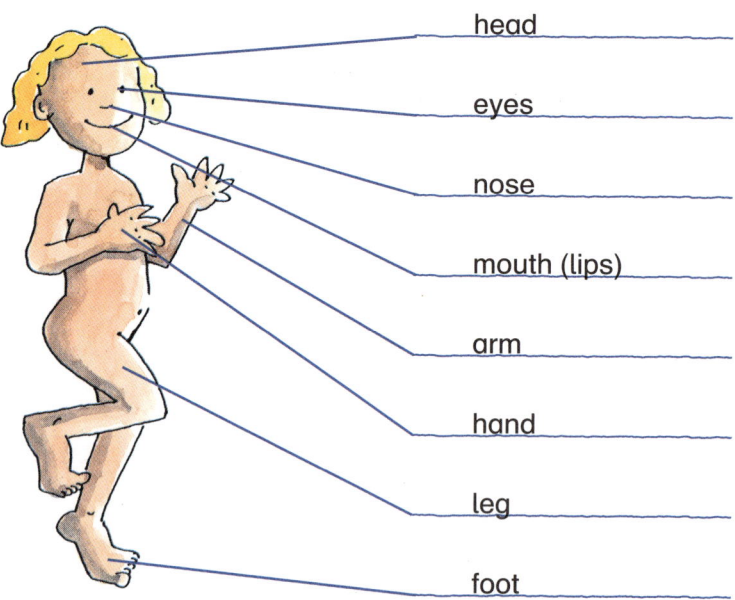

head

eyes

nose

mouth (lips)

arm

hand

leg

foot

Übung 8:   a) dog, b) spoon, c) violin, d) milk, e) marketplace

Übung 9:   Happy birthday!

Übung 10: Erster Weihnachtstag (25. Dezember)

Übung 11: a) 7, seven, b) 9, nine, c) 14, fourteen,
d) 25, twenty-five,
e) 21, twenty-one, f) 42, forty-two

Übung 12: Food: ice cream, rice, potatoes, peas, fish, chicken, ham,
chips
Drinks: milk, tea, coffee, mineral water, juice, coke

Übung 13: Im Koffer für den Sommerurlaub:
bathing costume (swimming costume, swim suit), T-shirt,
sandals, shorts, dress, mask
Im Koffer für den Winterurlaub:
gloves, wellies (wellingtons), tights, pullover, anorak, scarf

Übung 14: Lösung teilweise offen
Monday swimming; Tuesday z.B. surfing; Wednesday z.B.
hockey; Thursday z.B. playing the piano; Friday z.B. football;
Saturday z.B. ice-skating; Sunday z.B. basketball

Übung 15: a) old, b) sour, c) tall, d) new, e) dirty

Grundschulwörterbuch Deutsch

Das WAHRIG Grundschul-
wörterbuch Deutsch ist das
ideale Einstiegswörterbuch
für Kinder im Grundschul-
alter. Es unterstützt die
Rechtschreibung und gibt
Anregungen für einen va-
riationsreichen Sprach- und
Schreibgebrauch. Lernspiele,
Übungen und farbige Hilfen
erleichtern das Erlernen
der Wortarten und das alphabetische Nachschlagen.
Der kleine Lexikopard
Papiti hilft dabei, sich im
Buch zurechtzufinden.

WAHRIG Grundschulwörterbuch
224 Seiten
ISBN 978-3-577-10092-2
€ 9,95 [D]

Bertelsmann!
WAHRIG

www.wahrig.de